JN084160

キミティリオン（納骨堂）に立つ（ヴァトペディ修道院）

（上）2033mのアトス山（下）メギスティス・ラヴラ修道院（アトス最古の修道院）

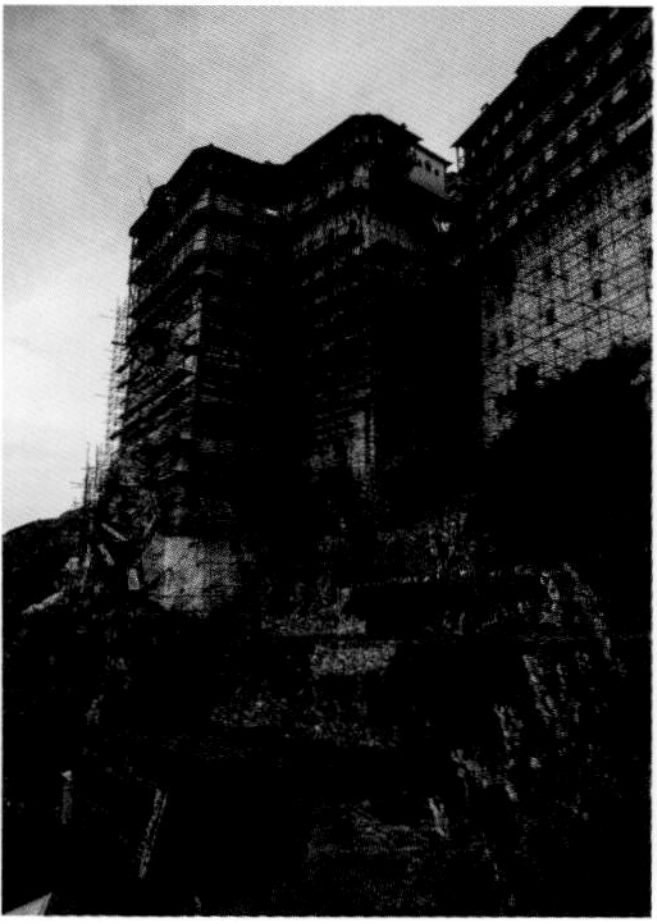
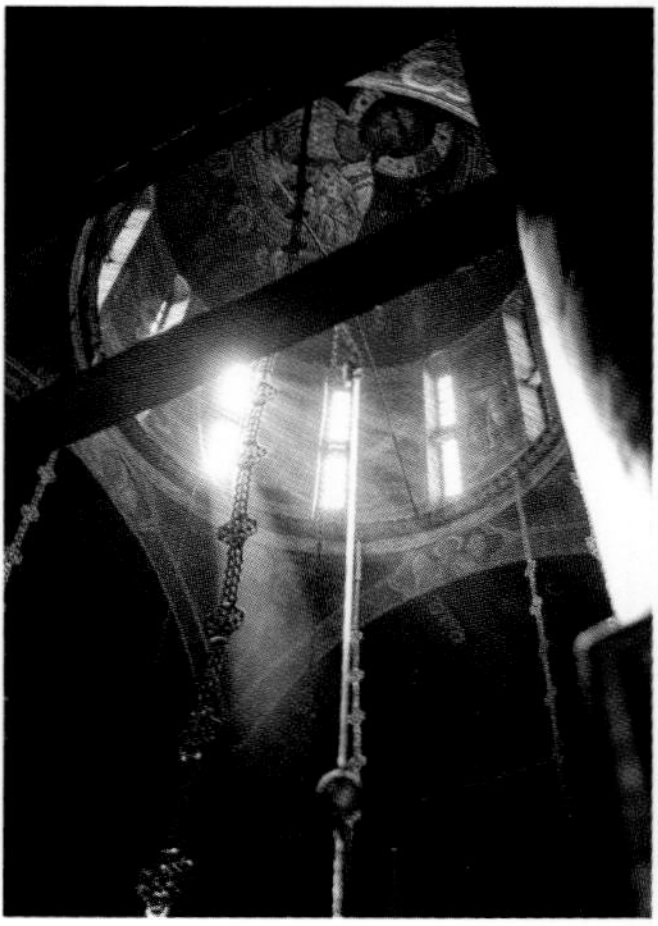

(右上)メギスティス・ラヴラ修道院の主聖堂。「アトスレッド」と言われ、天空を表す赤色に塗装されている (右下) ビザンティン聖堂は天国を象っており、天井を見上げるとキリストが眼差しを向ける (メギスティス・ラヴラ修道院) (左上) 食堂の壁にもイコンが描かれている (メギスティス・ラヴラ修道院) (左下) シモノス・ペトラ修道院

復活祭の奉神礼（典礼）

（右）祈祷書を読む修道士

（下）降誕祭における主教の祭服着用式（右端がパウエル中西裕一司祭である）

(右上)M司祭に祈りの流れを教わる (左上)N修道士と収穫。夕飯の時に甘いブドウが供された (下)N修道士から祝福を受ける

修道士とともに聖歌を歌う

（右）祈りの前のひととき、奉神礼（典礼）の流れの確認をする
（下）急峻な崖を歩き、次の修道院をめざす

パウエル中西裕一

ギリシャ正教と聖山アトス

GS
幻冬舎新書
628

まえがき
キリスト教の原点であるギリシャ正教とは

ギリシャは私達日本人にはよく知られた国です。オリンピック発祥の地であり古代のポリス社会の民主制について歴史の授業などで知る機会があります。

古代都市の遺跡、神殿や円形劇場、体育施設などの建築、哲学、文学、芸術などの文化的偉業の数々、これらによって日本人の「ギリシャ」のイメージがつくりあげられています。

首都アテネを訪れれば、パルテノン神殿の偉容に目を奪われるし、盛夏に古代劇場で上演されるギリシャ悲劇に熱狂するギリシャ人達を目にすると、現代のギリシャ人は、古代ギリシャの精神性を色濃く受け継いでいるかに見えてきます。

もちろん古代ギリシャの先達《せんだつ》とその偉業には並々ならぬ誇りをもっているのですが、

ギリシャ人のこころは、むしろキリスト者としての「愛」と「自由」にあるのです。使徒パウロのギリシャへの伝道以来、東方キリスト教、すなわち正教の信仰と生活がギリシャ人のこころなのです。

キリスト教は、正教、カトリック、プロテスタントという三つの宗派に大きく分けられます。正教信徒は、正統的（オーソドクス）な信仰とそれに基づく生活を守り続けてきました。

西洋史では「シスマ（分裂）」と呼ばれ知られていますが、1054年に東西キリスト教会の分裂がありました。この時カトリック教会が独自の道を歩み始めてから、またその後宗教改革をきっかけにプロテスタント教会がカトリックと袂《たもと》を分かったのちも、正教は初代教会以来変わることなく正統的な信仰を守り続けてきました。

現在ギリシャ共和国民の9割以上は正教徒です。そして、聖山アトスは、正教の信仰と生活を1000年以上、忠実に守り続けてきた正教修道院が統治する自治共和国です。

ギリシャ人の精神の支柱は正教の教え

さて、日本ではギリシャ人がキリスト教徒であることはあまり知られていないようです。これは日本においては、ギリシャ文化が古典古代に偏ったかたちで紹介されてきたからでしょう。近代国家としてのギリシャの独立は1830年です。それまで様々な国家の支配を受け続けるなか、多くのギリシャ人達の絆《きずな》は、ギリシャ文字を用いギリシャ語を話すこと、そしてギリシャ正教徒であることだったのです。

しかし、かく言う私も哲学者プラトンが描くソクラテスの問答法に興味をもち、哲学を専攻し、古典ギリシャ語や、西洋古代哲学を学ぶことになった一人です。大学に勤めて1年間の在外研究の機会がめぐってきた時、行き先は迷うことなく哲学の源流の地ギリシャでした。

滞在中、親しくなったギリシャ人のご家庭にお世話になり、教会に通う機会が生まれ、正教徒であるギリシャ人に、次第に深く関わることになりました。

正教徒としての生活を、私に伝えてくれたのは、ホームステイをしたお宅のご家族だったのです。ある日の朝食では、硬くて平たいパンを食べなさいとすすめられました。

その日はあの賑やかなカーニバル（冷蔵庫にある肉を食べ尽くす日）を終えたあとの大斎《おおものいみ》の初日となる月曜日だったのです。

キリスト教には断食の習慣があるのです。大斎《おおものいみ》とは正教徒が肉、魚など、決められた食物を制限して、キリストの受難を体験しつつ、喜びの復活祭を待つ大切な準備期間です。

ギリシャでは、この大斎《おおものいみ》の初日をカサラ・デフテラ（清浄な月曜日）といって、イーストを入れずに焼いたパンを食べる習慣がありました。その時、キリスト教に断食や節食の習慣があることを初めて知ったのです。

私は正教徒の生活に興味をもつようになり、正教の習慣に体験的に関わっていきました。「明日の朝は教会に行きましょう」と、声をかけてくれるのです。

今朝は洗礼があるから、今晩は結婚式があるから（ギリシャは夏暑いので結婚式は夜）、今日は特別なお祭りのお祈りがあるからと頻繁に誘われるようになりました。

正教の生活を体験するようになって、最初に興味を寄せたのは、正教会のお祈りの「言葉」が古典ギリシャ語だったことです。そして、教会暦に基づいた様々なお祭りや生活習慣があることも知りました。

帰国してからは、正教徒になることを視野に入れてニコライ堂での伝道会に通い、聖堂でのお祈りに加わりました。

その後、ギリシャ語の祈禱《きとう》書を手にしました。それは学生のころから格闘してきた古典ギリシャ語です。正教会の祈禱書は世界共通で各国語に訳されています。私にとっては日本語ではあまりよく理解できなかった部分なども、ギリシャ語版を参照することによってはっきりとしたことがいくつもありました。

ギリシャ哲学ではたどり着けなかった「真の救い」

やがて日本の正教会で洗礼を受け、興味を寄せていた聖地アトスを訪れたことが、大きな転機になりました。

そのころから研究の軸足は東方キリスト教へとシフトしていきました。正教会の祈りの体験をもとにした奉神礼《ほうしんれい》（典礼）研究も始めました。

もうひとつ、ギリシャ哲学から東方キリスト教へと研究の軸足を移すに至った理由があります。それは、哲学を学んでも自らの悔い改めや救いには、直接は結びつかないことでした。

もちろん哲学に救いの要素が全くないとは言えません。プラトンの初期対話篇は、師ソクラテスを登場させ、私達が現代を読み解くための実践的な示唆を与えてくれました。しかし、悔い改めによる「真の救い」は神とのかかわりにおいてのみ得られるものです。

初期対話篇に登場するソクラテスから自己を超えた存在とのかかわりを垣間見ることはできますが、ギリシャ教父達の著作に向き合うにあたっては、厳然として信仰者たる自己、そして神とのかかわりにおける露わな自己がそこにいなければならないという大きな違いがあります。

ギリシャ教父達のテクストは、自己の変容、すなわち神に相応《ふさわ》しくあるために悔い改めをしていく自己があるという事実があって、初めて読み解いていくことができるのです。

自分の信仰の体験を重ねてこそ、ようやくそのテクストが語りかけることを感得（知的な「理解」ではなく）できるものです。私は次第に、祈りの現場に身を置いて、師父達のテクストと対峙《たいじ》したいと思うようになりました。

やがて、洗礼を受けてからは、人とのかかわりにおいても、今までとは大きく異なっていきました。私が正教徒であることに対して見せたギリシャ人達の反応は、未信徒で研究のために訪れた時とは、明らかに違っていました。「あなたは正教徒だったのか」と笑みを投げかけてくれました。

そのころは家族のなかで正教徒は私だけでした。ギリシャ人は、ともかく話好きで、列車のボックス席に座れば、相手が外国人でも、黙ったままで向き合ってなどいられません。「ところで、お前はいくつだ」「どこから来たのか」「仕事は何をしているのか」「なぜギリシャに来たのか」……「本当に正教徒なのか」「それは珍しいな」「日本には正教徒はどのくらいいるのか」等々です。

そして、家族のことに話が及び、私だけが正教徒だということがわかると彼らは突然真面目な顔つきになって口を揃《そろ》えて言うのです。「このまま家族が死んでしまったら、（正教徒の）お前とは違うところに行ってしまうのだけど、それでいいのか？」と。

死は終わりではなく「通り道」である

ここにはキリスト教徒のもつ死生観が明確にあらわれています。それがこの国の人達には、しっかりと共有されていることに驚きました。

すなわち、私達の「死」はすべての終わりではなく、やがて天国で永遠の生命を得て、家族とともに住まうための「通り道」であるという、キリスト教徒にとって、ごく当たり前の死生観をギリシャ人達は共有していました。

さて、このころから、ギリシャ語の祈りの「言葉」への興味を契機として、修道院でのお祈りはどういうかたちで行われているかということがますます気になり始めました。正教会の祈禱書は世界共通です。邦訳祈禱書と同じ流れで、ギリシャでも、ロシアでも、聖堂（教会）では同じお祈りが行われています。そして、最も大切な聖体礼儀の祈りを、身近なギリシャの修道院でしてみたいという気持ちが高まりました。

本書は、約20年間、最長6ヶ月間の巡礼の体験をもとに書いています。とりわけ復活祭や降誕祭、修道院の大祭日（パニギリ）を中心として修道士達と過ごした日々、わが国ではあまり知られていないギリシャ正教の信仰生活の実際と教義についてまとめました。

女人禁制の聖地、アトス

聖山アトスは、ギリシャ国内にあって、同国の憲法によって外交以外の自治を認められている女人禁制の地域であり、963年にこの地に修道院が創建されて以来、現在も神に生涯を献《ささ》げる人達が住まう楽園、天国のモデルです。

すべての修道士達は祈ることを「仕事」として、この地で生涯を終えます。聖山アトスは、限られた期間入山してやがて世俗に戻って聖職者となるための修行の場ではありません。

聖山アトスがどのような世界なのか。修道士達にとって、そして私にとって、なぜ正教なのか。今正教がどのような意味をもつかについて、修道士達から伝えられた多くのメッセージをこめつつ、私の体験を交えてご紹介していきたいと思います。

正教信仰の根幹となるものは神学理論の知的な理解ではありません。むしろ、建て前や理屈にとらわれることなく、神の前に偽らざる自己を置き、自らにしっかりと向き合う姿勢のもと、神に相応しい生活を送り、自らの変容、すなわち悔い改めを重ねる実践的な道行きが求められます。修道院はそういった生き方をする競走者の集まりなのです。

こうして、私はアトス巡礼を重ねているうちに、研究者、教師としての仕事の道半ばにありながら、正教会の神父という第二の人生への助走を始めていたようです。

さて、日本にこのギリシャ正教が伝わったのは、それほど遠い過去ではありません。ロシア正教会の司祭ニコライ・カサトキンが箱館を拠点に布教活動を始めたのが1861年です。ニコライはのちに日本正教会の指導者となり、神田駿河台にニコライ堂（正式名称は「東京復活大聖堂」）を建て（1891年）、明治期に基本的な祈禱書の和訳をし、それらは現在も日本正教会の祈りで用いられています。ニコライ大主教は1912年に永眠したのちに聖人に列せられ、その聖遺物である不朽体（遺骨）はニコライ堂に安置されています。

私は、聖山アトスで半年間、祈りの日々を過ごす機会を、修道院長から特別にいただくことができました。滞在を終えて帰国の途に就こうとすると、親しくしていた長老修道士が近寄ってきて「君は、ここでの生活で見聞きしたことを、日本の人々に伝えなさい。それが使徒としての君の役割だ」と励まして、別れを惜しんでくれました。この言葉がこころに残り、今本書をまとめることにつながっています。

本書のために、次男ニコラオスは、アトス政庁から撮影許可をいただき、私の度重なる巡礼に同行し、正教徒としての視点から映像を残してくれました。

アトス半島の修道院

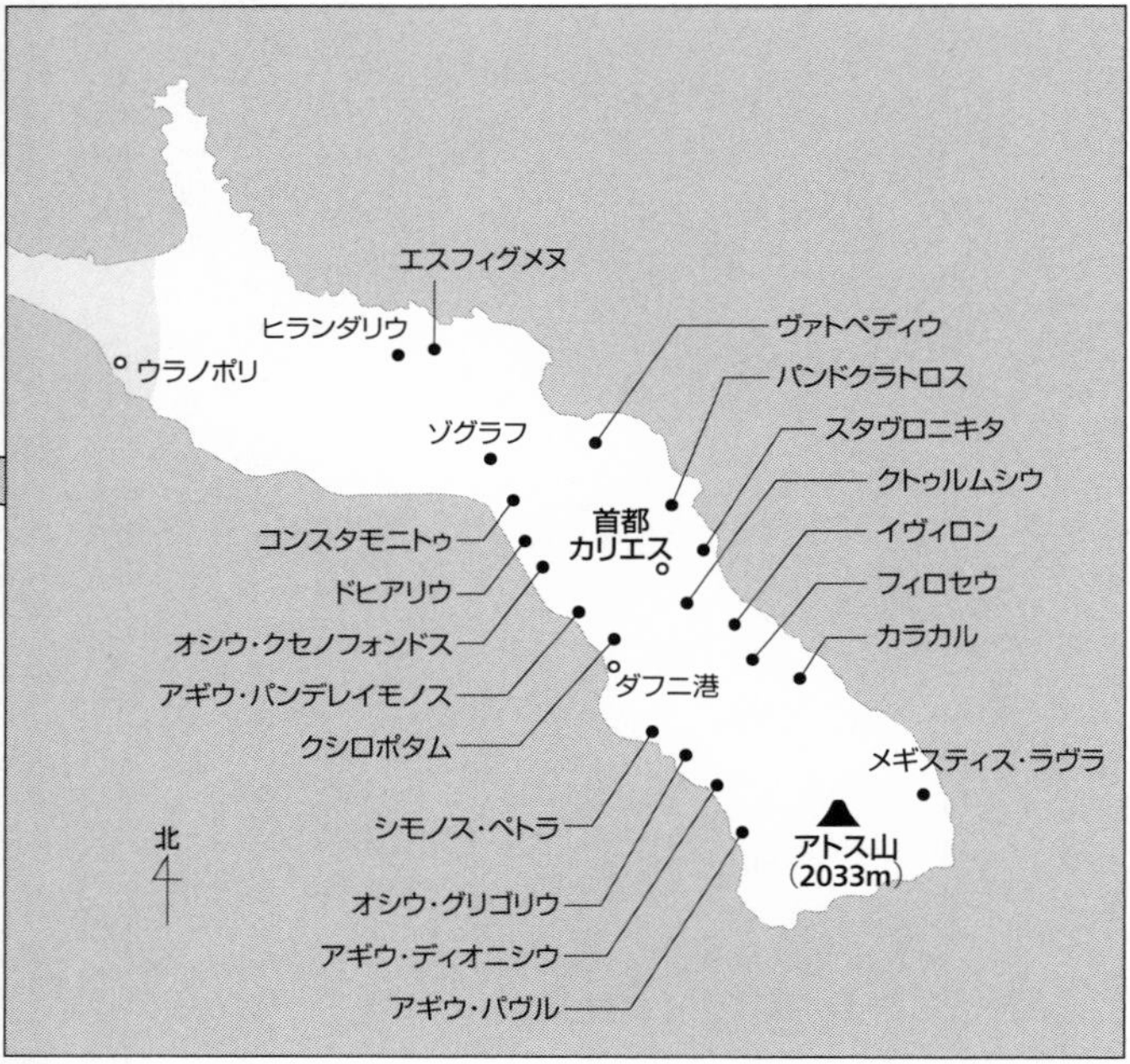
エスフィグメヌ
ヒランダリウ
ウラノポリ
ヴァトペディウ
パンドクラトロス
ゾグラフ
スタヴロニキタ
クトゥルムシウ
首都
カリエス
コンスタモニトゥ
イヴィロン
ドヒアリウ
フィロセウ
オシウ・クセノフォンドス
カラカル
ダフニ港
アギウ・パンデレイモノス
クシロポタム
メギスティス・ラヴラ
シモノス・ペトラ
北
アトス山
(2033m)
オシウ・グリゴリウ
アギウ・ディオニシウ
アギウ・パヴル

ブルガリア
北マケドニア
テッサロニキ
アトス半島
アルバニア
ギリシャ
トルコ
エーゲ海
アテネ
ペロポネソス半島
キクラデス諸島
ロドス島
クレタ島

ギリシャ正教と聖山アトス／目次

第7章 修道院では何をしているのか

写真 中西裕人
DTP 美創

第1章　なぜ正教なのか

ギリシャ正教には「原罪」という概念はない

ギリシャ哲学を専攻していた私が正教に大きく研究の軸足を移すに至った大きなきっかけは、キリスト教はいわゆる性善説だったという理解、というよりも驚きでした。

創造のはじめ、人間は神の善が何も欠けていないまま誕生し、人間のすべきわざは、ただその善きものを守ることであって、獲得すべきことではなかった。

（ニュッサのグレゴリオス330ごろ-394ごろ）

キリスト教といえば「原罪」、すなわち「アダムが楽園で犯した罪責がすべての人に及ぶ」という言葉を思い起こします。

「原罪」という言葉は教派によって解釈が異なりますが、ここでは触れません。それでは正教徒はどういう理解なのか、それに対する答えはひとつです。正教の信仰生活においては、「原罪」という言葉は使わないのです。

神によって創造されたからには、まず私達人間一人一人は、生まれた時は、神に一番近かったということです。罪責の起源は、人が生まれてのちのことであり、むしろ創造の初めは「神の似姿（像、エイコーン＝イコン）をもって生まれた」という初代教会以来の伝承を、正教徒はとりわけ強く信仰の基礎に置いてきました。

私達は生まれた時に授かった神の像である自由意志により、神に背くという罪を犯し、そうした堕落の結果、その罪責としての「死」を受け容れることになってしまった、これが私達正教徒の共通理解です。神の善が全く欠けていない私達が自らの意志によって、アダムの真似をして失敗してしまったのです。

しかし、私達人間は、他の被造物と区別された神の特別な存在として、創造主たる神により自己意識を与えられている存在です。人間は神に最も近い存在、「神のイコン」なのです。

また、自然界のすべての存在物も、人間とははっきりと区別はされていますが、やはり被造物です。ドストエフスキーの小説に「大地に接吻《せっぷん》する」という表現が度々見られることは知られていて、この行為については種々解釈があり、それを云々するつもりはありませんが、被造物たる大地に接吻するという行為は、とりたてて特別な行為ではなく、聖堂に置かれたイコンに接吻することと同じことのように思えます。

また、神の像は私達にすでに与えられていて、これ以上神から獲得するものはありません。そうした、自分のなかに備わっている神の像を手本として、神に相応しい自己を取り戻していくことこそ、正教徒としての人生そのものです。

しかし、私達は神に背くことのできる、自由意志をもっています。神の方向へとただしく自己を向けることができる能力、これも神の像です。しかし、人はともするとその自由意志を誤った方向に用いて、神に相応しい生活から離れ、背反することがあります。それが罪であり、それはアダムとイヴが楽園で神と善き関係をもっていた創造の初めからあったものではないのです。

得意な能力を伸ばすことで神に近づける

まさしく、人は、一人一人異なった能力をもって生まれてきます。私達は、その能力を伸ばしつつ、神に近づくための変容（自己改革）を重ねて、少しずつ輝いていくことができる存在なのです。

私が正教徒となった喜びは、こうしたことが腑《ふ》に落ちた時、生まれました。そして、キリスト教徒として歩むこころが定まりました。そこには納得できたという思い、何より大きな平和（こころの平静という意味）がありました。自らの日常を直視してみれば、確かに失敗を重ね、罪にまみれた自己がそこにあり、その現実に向き合うことに変わりはないのですが、そこから希望を取り戻し、逞《たくま》しく起き上がってともに歩むという、正教徒としての生き方を共有するギリシャ人への連帯感を強く感じることにもなりました。

長年おつきあいしてきたギリシャと、そこに生きる人達との距離が縮まりました。これも、今正教にたどり着くことができた喜びのひとつです。

ところで、今私が携わっている仕事はまさしく宣教です。私とアトス山の修道院を訪れたキリスト教他教派の友人、すなわち異教徒（アトスでは他教派のキリスト教徒でも異教徒）の訪問者を親しい修道士に紹介すると、彼は友人の肩を引き寄せ諭しました。

「これは、あなたのためです、正教に改宗して再びここに来なさい」と。

ここで、キリスト教の出発点となる人間のとらえ方を見てみましょう。正教会は伝統的に福音書記者や使徒パウロによって使用されたギリシャ語の『七十人訳聖書（セプトゥアギンタ）』を用いています。

現在一般に用いられている『旧約聖書』は、マソラ本文と呼ばれる10世紀ごろの写本によるものです。初代教会のころ、キリスト教徒が用いたのは、『七十人訳聖書』であり、新約聖書の各著者の多くもこれを用いていたと正教会では解釈しています。

その『七十人訳聖書』の「創世記」（1：26）において、「人間は神の像（エイコーン）と肖（ホモイオーシス）に従って創造された」とあります。

日本正教会は「人を我等の像と我等の肖に従いて造るべし」と訳しています。「神の像」とは、「霊（プネウマ＝こころ）」「自由意志」「理性（分別）」「思惟《しい》」などです。

日本正教会の祈禱書におけるプネウマの訳語は「霊」ではなく「神゜（シン）」であることについて、少し触れておきます。日本正教会の聖ニコライ大主教は、三位一体の神について、各ペルソナ（位格）を「父なる神」と、慣用では「聖霊」と訳されている語をあえて「聖神゜」と訳したのです。

正教では神゜を「シン」と読む

ではなぜ、「神゜」を用いたのでしょうか。「霊」は「動物の霊」も示すから不適当ではないか、聖ニコライはそう判断したようです。正教会の膨大な祈禱書群を日本語にする過程で、聖ニコライが漢学者の意見をもとに考案した訳語が「神゜」だったのです。

普通「神」という語は、「カミ」と読み、「神様」のことです。プネウマの訳語として、「神」という同じ文字を用いながら、「神」の右肩に、「゜」（「圏発」という漢字の四隅につける印）を付して、読みを「シン」とすることを示し、意味は人の「霊（魂）」のことを示したのです。

しかし、正教会では「霊（精神）的指導」という言葉も用いますので、「霊」という字を全く使わないわけではありません。また、「神父（シンプ）」も、実は「神゜父」とすべきなのです。

さて、お話を本筋に戻します。「創世記」（1：26）において明らかなように「人間は神の像（エイコーン）と肖（ホモイオーシス）に従って創造され」ました。それでは「肖」とは何でしょうか。

全ての人間は、神の似像（エイコーン）として存在している。しかし、神に肖た姿（ホモイオーシス）は、あまねく愛によって自らの自由（意志）を神に捧げ尽くした人にだけ与えられる。実際、我々が自らのものでない（自らの体のうちに聖霊が宿っている状態の）ときに、愛によって自らと和解させた神・キリストに肖た者となる。このような神に肖た者となるには、自らの霊が、移ろい行くこの世の生のまぼろしによって乱されないように、自らの霊を神の畏れへと向けさせねばならない。

（フォーティケーのディアドコス『霊的な認識と識別について』）

人間に内在する神の「像」は手本のようなものであり、それを手本にしつつ、より完全な姿を取り戻して、より善き存在へと変容していく人間の内面的な場、すなわち神に倣《なら》って生きることによる人格の陶冶《とうや》、あるいは道徳的な向上の可能性の「ありか」が「肖」なのです。

神化とは、人が神に限りなく近づくということ

つまり、手本が「像」で、それに倣《なら》って充実させていく受け皿が「肖」です。人間はあらかじめ神によって定められた道を歩むのでなく、自由意志を正しく用いて、神から与えられた「神の像」を手本として、神に相応しい存在へと「肖《に》」ていくこと、すなわち神に肖《あやか》り、原初のより善き姿に戻っていくこと、そういう道行きがあること。そのいとなみの過程を「神化（テオーシス）」と呼んでいます。

神化は、人間が神になることではありません。神に限りなく近づくことです。その意味については、「あなたがたの天の父が完全であられるように、あなたがたも完全な者となりなさい」（マタイ伝5：48）と言われていることを私達は思い起こすことができます。

このことを証聖者（表信者）マクシモスは、

（人には）神的な似像（エイコーン）の聖性が自然・本性的に備えられて、魂が意志によって神的な類似性（肖、ホモイオーシス）へと変容せしめられるように促す。

〈証聖者マクシモス『キリスト者の生のかたち』〈キリスト綱要〉〉

と表現しています。

「こころの貧しい人たちは、幸いである」はどういう意味なのか

キリストは、山上の垂訓（マタイ伝5章〜7章）において「こころ（霊、魂）の貧しい人たちは、幸いである。天国は彼らのものである」と語っています。

また、聖イグナティ（19世紀ロシアの聖人。１９８８年に列聖）は「初心者の祈りの心得」において「祈る時は、知恵のある雄弁な言葉ではなく、幼子のような片言、赤子のような単純な思いを主に献げるとよい」という言葉を残しています。また、福音書にも「心を入れ替えて子供のようにならなければ、決して天の国に入ることはできない」と記されています（マタイ伝18：3）。

すなわち、「こころの貧しい人」とは、「こころ」に自己をもち込まない人、エゴイズムにとらわれていない人のことです。こころが自分のことだけで満たされていない人＝こころの貧しい人は、神が働くことのできる隙間が確保されています。そういう状態の

人が、神を受け容れることができる人、すなわち「謙遜（タピノーシス）」な人なのです。

受け皿をエゴイズムで満たしてしまわず、神を受け容れる余裕をとっておくことです。「神は、高慢な者を敵とし、謙遜な者には恵みをお与えになる」（ヤコブ書4：6）という言葉はこのことを示しています。日本語で慣用する「謙遜」という言葉とは、その意味は少し異なります。

神を受け容れる場所が確保されている謙遜な人は、「こころ」に神のエネルゲイア（ちから、恵み）が働き、満ちることから、私達はたえず「悔い改めてこころを浄《きよ》めなさい」と人々に伝え、自らの努力とともに、神に倣《なら》って人格的な完成の道をただしく歩むようにふるまいます。

このことをもう少し嚙《か》み砕いて言えば、エゴイズムに満たされていない状態が「こころの貧しい」状態です。エゴイズムは「愛」の対立項です。「敵を愛せ」は、まさしく「エゴイズムをなくせ」、現実的には、できる限り「エゴイズムを少なくする」ことです。

でも、エゴイズムを完全になくすことは肉体がある限り、人間だけの自助努力では構造的に不可能に近いことです。誰でも自分が大切なものです。だからこそ、あえて「自分を愛するように、あなたの隣り人を愛せよ」（マタイ伝22：39）とキリストは教えます。

この「愛するように」の「ように」と訳される部分は軽い表現に聞こえますが、ここで使われているギリシャ語「カトース」＝「〜ように」はかなり強い意味をもっています。「全く同等に」という意味です。自分と全く同等に隣人を愛することは、おいそれとできないことです。でも、キリストは私達にそのようなことを求めています。

それはなぜなのか。「自分を愛するように、あなたの隣り人を愛せよ」という言葉は、もしそうすることができるならば、あなたには真の「愛」があり、それゆえ「神」がいることになるということなのです。「ヨハネの第一の手紙」４：16の言葉によれば、「神は真の愛」なのです。

もし、純粋に、自己目的でなく、かつ自覚的に「敵を愛すること」ができれば、そこには自己（エゴ）は完全に存在しないはずです。ただ神のみが、この私を動かしていることになるのですから。そして、そうした神を受け容れることができる、「愛（＝神）」を受け容れることができる「こころの貧しい人」は幸いなのです。

人のためにしたことはすぐに忘れよ

少し具体的に「謙遜」について考えてみましょう。東方正教徒がとりわけ大切にしている霊的指導書に『東方キリスト教霊性の精華　フィロカリア』があります。フィロカリアは「(神の)美への愛」という意味です。「カリア(カロス)」＝美、そして善も含みます。この著作群には「神の美への愛」について師父達が神をめざすこころの歩みが凝縮されています。私達正教徒が霊的な向上をめざして滋養をつけるための書です。いわば聖書の教えを実践し、聖書のように生きるための言葉に満ちています。これらの書の「フォーティケーのディアドコス」の言葉、『十の定義』のひとつを引用します。

謙遜とは、人のためを思ってしたことを、直ぐに忘れることである。

(フォーティケーのディアドコス『十の定義』)

私達は、他人のために善かれと思ってすることがあります。でも、それをすぐに忘れてしまうことができれば、「私はあの人のために〜してあげたのに、そのことをあの人は忘れている」と、お決まりの恨みのこころが起こることもないということです。

このような、一見して平易な表現で迫り来る言葉は、普遍的、形式的な道徳信条とは無縁なものであり、修道生活における実践的な示唆に満ちていて、各人の信仰生活のなかで、時にはきわめて厳しい指針となり、自らの霊の滋養となっていくものです。

こうした、聖書の教えを、実践的に生きるための警句集が『砂漠の師父の言葉』〈アポフテグマタ・パトルム〉と呼ばれる書です。この姿勢はアトス修道院では現在でも重んじられ、実際にアトスの長老達〈イエロンダ。たとえば聖パイシオス〈1924-1994〉など〉の著作によって新たに積みあげられています。


あなたが自分自身を軽んじるならば、どんなところで生活しても、平安を得るだろう。

（『砂漠の師父の言葉』ポイメン81）


さて、私達が神に似た存在となるためには、自らの努力と修練が求められるとともに、そうした神、聖霊のちから（エネルゲイア）に与《あずか》るような姿勢や行動が求められます。神とともに歩む（神に相応しい道を神の手助けによって歩む）ことが不可欠なのです。私達は、聖霊そのものを獲得し、聖霊と直接関わることはできません。しかし、聖霊と「親しむこと」（グレゴリオス・パラマスの言葉）はできるのです。

神の「像」と「肖」は、「霊」のうちにあり、とりわけ「肖」は霊的生活において人格発展と神化の過程で変容し向上していくものですから、もともと肉体とも切り離すことのできないものです。肉体を理性の対立物として切り離して、とりたてておとしめるような姿勢も正教にはありません。むしろ、人間は魂と肉体がひとつになったものとしてとらえられ、両者は不可分なものです。

キリスト教は禁欲的なのか

キリスト教は、西方においては、西洋哲学の影響も強く受けてきました。ストア派などの禁欲思想とのかかわりを確認することができます。二元論のもと、理性を優位に置いた場合、物質的世界、肉体的営為は、おとしめられることになりますが、正教ではそういう決定的対立はありません。

魂(理性)を善きものとして、肉体を悪しきものと断じず、常にトータルなものとしてとらえていく姿勢が正教の人間観の特徴なのです。そういった意味で、キリスト教はアジア地域に起源をもち、その原初においては、そもそも魂と肉体を本質的に対立させず、両者は同時に肯定されているのです。

正教の信仰においては、一貫して肉体と魂が一体となった「人間」が救われていきます。そして、私達が天国において、永遠の生命をいただいて生きる時も、輝かしい肉体とともに復活に与ることを信仰の根幹に据えています。従って「復活祭」を祝う私達正教徒は、やがて自らの「魂だけ」が天国に行くとは考えません。

まさしく「人間の本性は真の光を表すものとして創られ、闇から遠く離れた性格を有し、美の原型に似ることによって輝いていた」(ニュッサのグレゴリオス)のです。

すでに触れましたが、これらのことを初めて知った時、私が大学時代から学んできたキリスト教との、とても大きな違いが意識され、それは大いなる驚きでもありました。

東方正教、特に東方の師父、ギリシャ教父達の思想などに触れ、そこから何かを得たいと思った人達の驚きも、以上のような点にあるのだと思います。

すでに述べたとおり、正教徒としての人格的完成、すなわち霊性への道行きは、常に神とのかかわりにおいてこそ可能となります。そうした、霊性の向上の道行きを一生涯実践したのが聖人達であり、その著作や、行動についての記録は現在まで伝えられています。いわゆる聖人達はそれぞれの人生において、信仰によって人格的な完成に最も近づいた人であります。

それは何よりも聖書と聖伝（聖書に端を発する聖人達の解釈の伝承）に基づく、キリストの戒めを実践しつつ、真に信仰の証しを示したことによります。正教徒は、そういった聖人達の生き方を模範とすることを、とりわけ重んじています。

苦行や試練はあまり意味をもたない

すなわち、聖人とは聖霊によって罪と汚れを克服し、聖性を獲得し浄められ、神とのかかわりにおいて特別な位置にいる人達のことであり、それは必要な悔い改め、祈り、節制、修練を実践した結果、真に「神との協働（神に最も近づいたこと）」に与った人です。そこには、神とのかかわりにおける人間の完成のすがたもあります。
人格的な完成への指針は、知的な認識によるのではなく、正教では、むしろ生活そのもの、すなわち修道生活によるもの、日々の信仰生活の実践などの修練にあります。しかし、「苦行」や「修練」の機械的繰り返しの類は、正教ではあまり意味をもちません。修道士達はキリスト教の信仰の原点をふまえ、霊的完成をめざす最前線を歩いています。

修道生活において、浄めによる罪と汚れの克服とは具体的にどのようなことなのでしょうか。祈りに専心するアトスの修道士達を前にして、生活の目標を尋ねると、「神の国に至ること」、そして「アパティアに達することだ」と答えてくれました。

しかし、修道士達の生活は、決して暗い禁欲生活を思わせるものではなく、1日8時間を超える聖堂での祈りに専心しつつも、それが喜びに満ちたいとなみであることは、復活祭前40日間の準備期間を過ごす彼らの「安和（心の安寧）」の眼差しのなかに見てとれます。

この「アパティア」という語は西洋古代ギリシャ哲学、ストア派の用語として知られ、西洋哲学史では「不動心」などと訳されますが、「情欲に乱されない賢者の境地」を示します。すなわち、理性が情念を統御することによる、たとえば苦痛の除去をめざした立場です。すなわち、「肉体を不滅にし、理性を被造物より上に挙げ、すべての感覚を理性に従わせる人は、当然にアパティアの境地にある人であるし、またそう認識されている」（ストア派断片より）などのテクストから理解できます。

しかし、この「アパティア」について、階梯者《かいてい》ヨハネ（ヨアンネス・クリマコス〈579-649〉ギリシャ教父）は『楽園の梯《はし》子《ご》』という著作の第29講話においてストア派的意味とは異なった意味で用いています。楽園の梯子は天国に上るための30段の梯子にたとえ、修道士達が乗り越えて行く課題を提示していきます。アパティアの境地は、天国に相応しいものなのです。

「楽園の梯子」のイコン

その人は主の御前に魂を置く人であり、その人の魂は、魂の力を超えて、主に向かって常に前進するのである。さて、ある人々はアパティアを身体の復活の前の、魂の復活であると、他の人々は（アパティアを）神の完全なうけとめ、すなわち天国に次ぐものとしている。

（階梯者ヨハネ『楽園の梯子』）

ここでは、魂のちからをさらに高めて主に向かうことによって、アパティアの境地が得られること、その境地においては、むしろその人自身が生きているのではなく、その人のうちに神、キリストが生きていることを、階梯者ヨハネは強調します。

すなわち、この境地はあからさまな禁欲的行為、理性による肉体の統御ではありません。むしろ何らかの大きな牽引力《けんいん》が働くことによって、自然な統御がもたらされるとすれば、その契機は「主への愛」のみなのです。このことは、最終段の第30講話において、明らかにされていきます。

アガペーとエロース

しかし、ここで階梯者ヨハネは、「愛（アガペー）」という語とともに、「神に対して愛（エロース）をもつ人」という語も用いています。ここで、神に「あこがれる」ひたむきな情念の愛が、かえって邪悪な欲望を退けるちからをもち、そこに真の「アパティア」が獲得されて、人は神によって「聖《きよ》められる」ことを強調します。

人間的なものから、憧れ、恐怖、熱望、嫉妬、隷属、神への愛（エロース）の譬えを与えることは悪しきことではない。幸いなるかな、熱狂的な恋人が自分の恋人に対して抱いているように、神に対して愛（エロース）を持つ人。

（階梯者ヨハネ『楽園の梯子』）

ギリシャ哲学の概念は、神によって聖められ、真の意味を帯びて生き返っていくこと、このことこそが、キリスト教が古代ギリシャ哲学と邂逅《かいこう》することの意味になります。

たとえば、正教徒の行う斎《ものいみ》（節食）は、それが神への「あこがれ」のもとで、霊的向上を目標になされねば、単なる禁欲的行動として形骸化してしまうことを、常に戒める習慣があります。これは、大斎《おおものいみ》期の正教徒の生活の根幹であり、祈禱書のなかでも強調されています。

私たちは、主によろこばれつつ、あたえられた斎を守りましょう。ほんとうの斎とは、悪事から遠ざかり、饒舌をつつしみ、怒りをなくし、諸々の欲望を制して、悪口、うそいつわり、誓いをたてたうえでそれに背くことをなくすことなのです。こういう努力があってこそ、まことの好ましい斎なのです。

（『大斎第一週間奉事式略』日本正教会）

さて、正教徒にとって、天国で「新しい生命」にめざめることに、その信仰生活のすべてがつながっていきます。それは、洗礼によって新しい自分に生まれかわる喜びに始まり、主日《しゅじつ》の聖体礼儀における領聖（キリストの体であるパンとキリストの血である葡《ぶ》萄《どう》酒をいただくこと）の喜び、キリストの復活の喜びの体験によってもたらされます。

神の像から次第に離れて生きる人のために、第二の洗礼とも言われる告解（懺悔《ざんげ》）をする機会、反省して立ち直る機会が神の賜として与えられています。告解は「神の憐れみの機密」とも呼ばれ、私達が、その古い衣服を脱ぎ捨てて、新しい生命をいただいて生まれかわっていくきっかけを与えられるミステリオン（機密）であります。

そして、喜びとともに、キリストの復活の生命に与ること（領聖）、この地上においてアパティアを獲得しようとする修道士達の祈りに満たされた日々の生活、そのいとなみからもたらされる喜びそのものが、聖なるものを獲得した証しなのです。

第2章 教会って何？ 聖堂って何？

聖堂は神のみもと、天国の象徴

私達正教徒が神との交わりをもつところが聖堂です。一般に「教会」と呼んでいる建物を正教会では、あえて「聖堂」と呼びます。教会という言葉は建物のことではなく、キリストを神と信じて、キリストを首《かしら》として戴く信徒の「集まり（エクリシア）」をあらわします。

これは新約聖書の記述に基づいたもので、「公同（おおやけ＝カトリキー）の教会」と言います。正教会や他のキリスト教諸宗派も信仰宣言である「ニカイア・コンスタンティノポリス信条」のなかで「私は一つの公なる使徒の教会を信じます」と唱《とな》えています。

聖堂と呼ぶ理由はそれだけではありません。聖堂は私達が、やがて永遠の生命をいただいて住まう神のみもと、天国を象《かたど》ったものです。ビザンティン聖堂などのドームを擁する建物では、神の国を象る天頂に救世主、全能の神キリストが描かれ、次いでテオトコス（神の母）・マリアや天使達、聖人達のイコンで埋めつくされています。

キリストが描かれた聖堂のドーム

「テオトコス」というギリシャ語は「神を産んだ者」という意味で、日本正教会では「生神女《しょうしんじょ》（神を産んだ母）」と訳しています。

聖堂の名称に地名のみを用いることはありません。ニコライ堂の正式名称は「東京復活大聖堂」です。主の復活を記憶すること、主の復活は私達正教信徒達の信仰において最も大切な出来事であり、それゆえ復活祭は年間最大の祭日であること、日々の信仰を培う霊的（精神的）なテーマが聖堂の名称となっています。

他に聖堂の名前は、キリストが洗礼者ヨハネから受洗したこと、すなわち神の現れを記憶する「主の神現（神の現れ）聖堂」、キリストの誕生を記憶する「主の降誕聖堂」、キリストが

宝座（祭壇）

タボル山において光り輝いたことを記憶する「主の変容（顕栄）聖堂」、マリアがキリストを身ごもったことを記憶する「生神女福音（受胎告知）聖堂」などがあり、また聖人達の名を冠することもあります。いずれも、私達の信仰の霊的なテーマとかかわりのある出来事や人物の名を冠しています。

聖堂は原則として東を頭にして、伝統的な十字架の形状をなしています。司祭と信徒達は、聖堂では宝座（祭壇＝聖書が置かれている台）の前で、陽の昇る東に向かって祈りを献げます。ヨハネ伝（1：5）などにあるように、神は光であることによります。

聖堂で行われている祈りについては、一般に「典礼」「儀式」をイメージしますが、正教会の聖堂での祈りは「奉神礼（リトルギア）」と呼び、司祭や信徒が行う単なる「儀式」ではない特別の意味をもっています。リトルギアは「仕事」という意味で、神と民との共同作業であることを示しています。また、「典礼」という用語も使いません。

正教会の奉神礼のうちで最も大切な祈り、キリストの体であるパンとキリストの血である葡萄酒をいただく「聖体礼儀（エフハリスティア＝感謝の祈り）」がありますが、これは神ご自身が挙行する仕事です。それはまさしく神の来臨を意味し、聖霊がくだる場、神の来臨する場、それゆえ正教会の聖堂は天国を象っているのです。

遺骨を安置する場所でもある

聖堂と呼ぶ理由についてはもうひとつあります。聖人の遺骨である「不朽体（relic＝聖遺物）」を、教会を司る主教が行う奉神礼（聖堂成聖式）によって、聖堂の最も神聖な場所である、最前部の宝座（祭壇）の内部に埋め込んで、安置してある建物であるからです。

これは、初代教会の時代に、信徒達が殉教者の棺の上で共同の祈りを行っていた歴史があるからです。宝座に不朽体の納められていない建物を「会堂」と呼び、あえて区別をしています。

正教会における、最も大切な奉神礼は主の復活を祝う「聖体礼儀」です。主イエス・キリストは十字架に架けられ、地獄にくだったのですが、その地獄の扉を打ち破って、死に打ち勝って復活し、やがて天に昇ったことを、私達は最も大切な出来事ととらえています。

正教で最も重んじられる「復活祭」

それゆえ、正教会でまさに圧倒的に盛大なお祭りは、降誕祭（クリスマス）ではなく復活祭です。復活祭は年に1回なのですが、日曜日を主日（主の復活の日）と呼んで、年間通して、主の復活を祝います。それが日曜日のお祈りであり、毎日曜日は「おめでとう」と声をかけ合います。

日曜日のことを正教国ギリシャでは、Sunday（日曜日）と呼ばず、「主の（復活の）日（キリアキー）」と呼んで、正教徒としての生活を前提とした曜日の呼び方を用います。

月曜日は「主の復活後の第二の日（デフテラ）」、以後火曜日を「第三の日（トリテイ）」、水曜日を「第四の日（テタルティ）」、木曜日を「第五の日（ペンプティ）」、金曜日を「（安息日の）準備の日（パラスケビ）」、土曜日を「安息日（サバト）」と呼んで生活しています。1週間を、月、火、水、木、金と天体の名称でイメージするのと違って、主の復活の日に向けたキリスト教徒としての生活が、曜日の呼び方から、週単位でイメージされているのです。

ご聖体となるパンと葡萄酒の杯

さて、聖体礼儀において大変重要な場面に、パンと葡萄酒が、聖霊のはたらきによってキリストの体に変化する祈りがあります。その時神（聖霊）はそこにくだるのであり、変化したパンと葡萄酒を信者が食する時こそ聖体礼儀の中心なのです。

聖堂で行う奉神礼、すなわち神ご自身の仕事のなかで最も大切なものです。そして、それは、「神ご自身が行い」、聖霊としてくだる場、神ご自身が来臨する、まさに神ご自身の仕事の行われる場が聖堂です。

さて、そこにあるご聖体、すなわちキリストの体であるパンと、キリストの血である葡萄酒、それらは司祭の祈りによって、聖霊のはたらきで聖変化が起きたものと理解します。

しかし、私達の目には依然としてパンと葡萄酒に見えています。聖変化が起きているのですから、ただのパンと葡萄酒ではありません。実体として変化した（化体説）という解釈もしません。まさしくキリストの体であり、依然としてパンでもあり、まさしくキリストの血であり、依然として葡萄酒でもあると、両様に理解しています。私達は神を直接「見る」ことはできないからです。

聖体礼儀の祈りにはいる直前に、キリストの体となるパンと、キリストの血となる葡萄酒を準備する「奉献礼儀」という祈りがあります。その祈りの終結部分において、今まさに聖体礼儀が始まるところですが、そこで「主が（自ら）事を行う時が来ました」という意味の祈禱文をとなえます。

これは、今まさに主すなわち「神ご自身」が行う聖体礼儀の時が迫ったという意味になります。それゆえ奉神礼のなかで最も大切な祈りである聖体礼儀は、主が主導し、その来臨の事実を今その聖堂で体験することなのです。

その体験とは、主の復活したすがたがそこに現れること、すなわちパンがキリストの体に、葡萄酒がキリストの血に「変化する」ということ、そして主の聖なる体、血となったパンと葡萄酒を共同の食卓において領食することです。

聖歌のコンサートを行わない理由

聖堂では、奉神礼に携わる司祭と信徒という立場上の違いはありますが、いずれも神に向けて祈りを献げるという点で区別はありません。司祭という立場、信徒という立場、それぞれ役割は異なりますが、聖堂で祈る限り、いつであれ、世界中どこであれ、司祭であれ、信徒であれ、すべては神の前においては、被造物として同じ存在です。

聖堂へ見学に来られる方から「正教会の聖歌を聴いてみたいのですが、ここでは聖歌のコンサートは開かれますか」と尋ねられることがあります。「聖堂ではそういう行事は行いません」とお答えします。

聖歌を歌う

そもそもコンサートは、作曲家、演奏者、そして鑑賞する観客が存在します。けれども聖堂で歌う聖歌は、祈りそのものであり、誦経（読経）や歌誦は、祈りの言葉として神に向けられたものです。

また、私達をとりまく世界と人間は、すべて神によって造られた存在、すなわち神と、神に起源をもつ祈る人以外は、聖堂にはいません。祈りの言葉、聖歌は、私達の肉声によって神に向けて発せられるものです。楽器が奏でる音は、それゆえ祈りではありません。聖歌はすべて人の声のみで歌われるものです。正教会の聖歌が無伴奏で歌われる理由はそこにあります。

神によって造られた人間が聖歌を歌うのですから、神によって造られた私達、その祈り（聖歌などのすべての言葉）も、もとはと言えば神を起源としたものから発するものであり、かつ神に向けられたものとなるわけですから、再び神へと戻って行くものなのです。

聖霊の恵みを受けた、神に由来のある自己が、神に対して発する人間の肉声のみが祈りとなる理由がそこにあります。その構造のなかで、参列する信徒は残らず神に向き合う祈りの主体であるはずで、それが祈りである限り、それを傍観的に眺める第三者は、聖堂には一人も存在しないはずです。

コンサート、演奏会というものは、祈りとはかかわりのない傍観者、第三者の存在、いわば主体としての演奏者とそれを聴く客体としての聴衆という対立構造のみであり、それは祈りを抜きにしても成り立ち、聖堂で行うには相応しくありません。

正教の奉神礼において存在するのは、ただ神と神に向かい祈りを献げる参禱者だけなのです。それゆえ、正教徒にとって、自己の祈りを度外視して、聖歌を音楽として聴衆に向けて歌ったり、聴いて味わったりすることは、そもそも意味をなさず、「聖歌コンサートって何？」「それも聖堂で？」ということになります。

第3章　十字を切ることイコンへの思い

プロスキニシス。イコンへの接吻

十字の切り方は宗派によって違う

サッカーの選手のゴール・パフォーマンス、芝生にひざまずいて十字を切るシーンを目にされたことがあるでしょうか。選手個人は神への感謝など、様々な思いをこめているのだと思いますが、クリスチャンにとって十字架は、苦しみの果てに達成された勝利、悪魔を追い払い、死を克服した、まさしく「勝利（ＮＩＫＡ）の印」です。

キリストを表現する銘に、「ＩＣＸＣ（イエス・キリストの）ＮＩＫＡ（勝利）」があります。ＮＩＫＡは「勝利する（ニカオ）」という動詞からの普通名詞です。スポーツブランド「ナイキ」で知られるギリシャ神話の勝利の女神（ニケ）も語源は同じです。

さて、十字の切り方は2種あります。正教徒が多いセルビアの選手などは、3本の指を結んで上、下、右肩、左肩と、右肩を先に切ります。カトリック教徒が多いイタリアの選手などは、平手で上、下、左肩、右肩と、左肩を先に切ります。

正教徒は聖堂入口で、前者の順序で十字を3回切ります。右手の親指、人差し指、中指の3本（父と子と聖霊の三位を有するひとつの神という意味）を束ねて、残りの薬指、小指の2本（キリストは人でありかつ神という二つの性をもつという意味）は手のひらにしっかりつけて、おでこ、臍《へそ》の少し上、右肩、左肩と大きく切ります。正教徒は、上、下の次は右が先なのです。

聖堂にはいった正教徒は、蠟燭《ろうそく》を求めて燭台《しょくだい》に献灯します。これはきわめて大切な行為です。神に光を献げるというより、神は光、「義の日（太陽）」（マラキ書4：3）であることを信ずる行為であり、その善なる光は常に私達に注がれて、私達は照らされているのです。こうして一灯を献じ、神の光に照らされるたびに、神の恵みに感謝して十字を切り祈る姿勢を整えます。

「イエス・キリストの勝利」を示す

イコンに接吻する意味

そして聖堂中央部（修道院では王門前の右手）にある主たるイコン（聖像）に、やはり十字を切り接吻し、他のイコンにも接吻して聖堂内を廻《まわ》る人もいます。イコンは偶像崇拝を避けるため平面に描かれています。正教会では立体像を用いません。

伝統的なビザンティン聖堂にはステンドグラスがありません（ニコライ堂にはありますが）。聖堂は、私達が神、生神女マリア、義人や聖人達に出会う場です。それらイコンは壁に描かれますので、正教の奉神礼は真夜中に、昼間でも灯りを落として行われる場合が多く、真っ暗な聖堂でもたった一本の蠟燭の光を近づけただけでイコンは浮かびあがります。

ステンドグラスの場合は蠟燭の光があまり反射せず外へ抜けてしまいます。イコン画家達はガラスに描くことを適当でないと判断したようです。外部から照らす光が全くない真夜中には、蠟燭をあてても真っ黒に見えるだけで用を成さないからです。

聖堂は主イエス・キリスト、テオトコス（神の母）・マリア、天使、聖使徒や聖人達のイコンに満たされています。正教徒はイコンに接吻する時はどのような気持ちなのでしょうか。私達正教徒は、イコンの画像に接吻する時、まさに神や聖人達とつながっている実感を抱きます。

聖ミナスのケリのイコノスタシスのイコン

イコン自体は板や壁、石（モザイク）、額装したペーパーもあります。イコンは聖堂だけでなく、自宅の祭壇などにも置くのですが、それはあくまでもイコン自体を崇拝する習慣からではありません。イコンは神そのものではなく、それを通じて神や聖人の原像を崇拝するためのものであります。

原像である神は、私達が目で見ることも、触れることもできないものです。では、どうして、イコンに描けるのかと言われれば、新約聖書で明らかなように「神が人（キリスト）となって」私達の前に現れたからです。見えざる神が人となって目に見える存在となったので、イコンとして描けるようになったのです。

しかし、キリストは神であり人でもあります。先に十

自印聖像の伝えられたことを示すイコン。自印聖像自体は失われ、現在に伝わっていない

字の切り方の項で、右手の薬指と小指の２本を手のひらにくっつけることに触れましたが、ここでキリストが神であり、人であること、すなわち二つの性を有していることを信じますという意味を強くこめます。

そうした思いのもとに、必ず十字を切ってイコンに接吻します。イコンに接吻する時は私達正教徒にとって、神や聖人達にこの地上において最も近づく瞬間です。神が人となって、目に見えるすがたとなったことがイコンを描く根拠となっているのです。

しかし、キリストのすがたを描くには、当時、キリストに出会った誰かが、筆をとらねばなりません。それは、いったい誰だったのでしょうか。実は、最初にキリストのイコンを描いた人はいなかったのです。誰だか不明というわけではなく、いなかったのです。

イコンとビザンティン美術

イコンには「自印聖像（アヒロピイトス）」という伝承があります。これは4世紀前半の教会史家エウセビオスによるものとして伝わっています。正教会の聖人達の記録『諸聖略伝8月』（日本ハリストス正教会刊）によると、ある時、キリストが顔を洗い、自分の顔に布を押し当てると、キリストの顔かたちが布に写るという奇蹟が起きました。つまり顔の拓本ができたのです。その時の布が自印聖像と呼ばれる最初のイコンです。この最初のイコンをマンディリオン（聖顔布）と称しています。

こうして、最初のイコンは文字どおり単に写したもの、すなわち「描かれざるもの（アヒロピイトス）」だったのです。キリストのイコンはそれを模写することから始まりました。聖顔布は原像たる神キリストの顔の直の写しですから最も聖なるものです。ここから、その「聖なるもの」をそのまま損なわずに模写するという手法が始まり、ビザンティン美術そのものにも多大な影響を与えました。

イコンはイコン工房で、イコン画家によって、既存のイコンを手本に、正確に模写さ

イコン工房にて。左側の小さいイコンを手本にして、模写する。明かりは自然光のみなので、夜は描かない

れて連綿と描き続けられました。イコンの制作はイコン画家の祈りとともに行われるものであり、画家が神に集中し、神を感じつつ描く「神のすがた」であり、そこにおいて自己の想像力は徹底的に排除されます。こうして作者はひたすら模写に集中し、描きあげたイコンには署名を残さないのが伝統です。

ただし比較的新しい伝統ではありますが、「（某画家の氏名）の手によって」という署名は存在します。これは、神によって、筆をとった某画家が描かされたもの、作家の創作物ではないという意味です。

ここで唐突ですが、例をあげてみます。「イコン」のしくみを、ＰＣやスマホの「アイコン」と比べてみます。記号論の哲学者、Ｃ・Ｓ・パースは、記号をアイコン、インデックス、シンボルの三つに分けて学説を展開しています。そこでは、アイコンを「類似性によって対象にかかわる記号」としています。

ＰＣのデスクトップにあるアイコン、これをクリックすればリンクしたアプリが起動します。ＰＣのデスクトップのアイコンは、本体のアプリのプログラムそのものではなく、それと確かにつながっていることを示すイメージ、絵です。

アプリは、メモリに格納された「手順」が本体ですが、目に見えず、触ることもできないけれど、それでいてたいそうなはたらきをしています。その本体と確実につながっているものがアイコンなのです。

同じように、イコンに描かれたキリスト、マリアや諸聖人の画はあくまで、ＰＣのアイコンのようにイメージに過ぎません。それゆえ、本体である神や聖人達に対しては、あえて「崇拝する」という言葉を用い、目の前のイコンはイメージであり、そもそも板切れなので、それ自体を「崇拝する」ことはしません。それを崇拝してしまえば、見えない神を、被造物と見紛うことになってしまいます。

従って、イコンに対しては、あえて「プロスキニシス（ひれ伏す、接吻する）」（日本

聖堂内のパナギア（テオトコス・マリア）のイコン

正教会では「叩拝《こうはい》」という別の言葉を用います。本体としての神には「崇拝する（ラトリア）」という言葉を用いてはっきり区別しています。この「プロスキニシス」というギリシャ語は、私達がイコンを前にすれば、イコンに接吻するという実際の行為を必ず伴うので、もっぱら「接吻する」という意味になっています。

私達正教徒にとって、PCのアイコンが見えざるアプリ本体と確実につながっているように、イコンは、見えざる神と確かにリンクされていると感じています。そこから、私達正教徒は、イコンに接吻する時、神や聖人達と確かにつながっているという、きわめて強い実感をもつのです。

プロスキニシスと偶像崇拝の決定的な違いとは

プロスキニシスという行為はイコンについてだけではありません。正教会では不朽体（聖遺物、聖人の頭蓋骨などの遺骨 relic）へのプロスキニシスも大切にします。聖人の遺体は死後も腐敗せず、生前のすがたが維持され、たとえば病を癒すなどの特別の技をもつという信仰があります。私達は聖人の導いた奇蹟にあやかることができるという信仰がそこにあります。

聖堂に安置されている不朽体には、聖人の全身が保存されている場合もあります。列聖されるか否かにかかわらず、修道士はすべて永眠後、一度地中に埋葬して、数年後に掘り起こし、頭蓋骨や手など遺骨の部分を取り出します。

聖人達の遺骨もそうした処理ののちに不朽体として保存されてきたものもありますが、全身をそのまま保存して現在に至っている不朽体（ミイラ）もあります。不朽体は、修道院や町の聖堂にとっては宝物です。巡礼者達はその宝物にまみえ、プロスキニシスするために巡礼の旅をします。

聖人達は、確かにこの世の生を終わっていますし、屍《しかばね》ではあるのですが、天に昇って神のみもとで永遠の生命を得て、天国では一般の私達とは別格の位置にあります。その聖人達と「つながる」こと、そして神への祈りの「とりなし（仲介）」を願うこころが、不朽体へのプロスキニシスのこころです。

修道院へ巡礼を果たし、今目の前にある聖人の不朽体。今は天国にあり聖人達となって、神に一番近いところにいるのですから、私達の祈りを神に

不朽体の開示。金属の覆いが施されているが、一部遺骨がむき出しの部分があり、そこにプロスキニシスする

「とりなし（聖人を仲立ちとして選び、神に祈りを伝えてもらうこと）」ていただけるという信仰がそこにあります。

不朽体へのプロスキニシスは、「ひれ伏し」、そして「接吻する」という完璧な所作で行われます。まず、不朽体を前にして、膝を折って膝頭を床に着け、両手と〝おでこ〟を床に着ける謹み深い姿勢をとり、一度立ちあがってまた同じ動作を繰り返します。そして不朽体に接吻をし、最後にもう一度床に伏して、不朽体の前から退きます。

修道院では、司祭が聖堂の奥に安置されたこれらの不朽体を巡礼者に開示します。巡礼者にとっては、宝物を見せられるような大切な瞬間です。聖人達の生き様についてのお話を聞いたあと、巡礼者は整然と列をなし、次々に不朽体にプロスキニシスしていきます。

そして、用意してきたその聖人のすがたが描かれたイコンやコンボスキニオン（布製の数珠）、十字架などを司祭に渡し、司祭はそれを不朽体に接触させ、あるいはかざして巡礼者に返します。巡礼者達はそれを大切にもち帰り、自宅の祭壇に安置し、あるいは病を得ている友人に謹呈して、あらためて聖人のとりなしを求めて病の快癒を祈ります。

自分のためには祈らない

もちろん自分自身のために、その聖人のとりなしを祈っている場合もありますが、巡礼者のほとんどは、家族のため、隣人のため、つまり他者のために祈ることを目的として、不朽体にプロスキニシスします。その意味で、巡礼はクリスチャンの愛の証しの旅

記憶のために、生者、永眠者の名前を書き込んで、司祭に渡す。司祭は至聖所内で、一人ずつ名前を読んで記憶の祈りを行う

と言えます。

聖堂内にはメモ用紙と鉛筆が用意された小さな卓があります。多くの巡礼者は、聖堂内のイコンにプロスキニシスしたあと、その卓に向かい2枚の紙をとって、家族や隣人の聖名を記入します。1枚には生者達の聖名を、もう1枚には永眠者（死者）達の聖名を。

聖名は洗礼の時に新たにつけられますので洗礼名とも言います。洗礼については、あとにも述べますが、ここで聖名について触れておきます。クリスチャンとして生きるため、自らの手本とする聖人を選びます。

本人が永眠すれば、聖名のみになるので、聖名は地上でも、天国に行っても変わらない名前です。聖名はいわば現世、来世共通の名前です。というより、キリスト教は、天国とこの世をつながったものと見るので、聖名はそのことを信仰の根幹に置いていることを証するものであります。

永眠者は聖名のみで呼びます。その意味で神様に対してそれが誰であるかを明確に示す名前であるので、いわゆるミドルネームでもない、最も普遍的な名前なのです。聖名をもったことは「神の一なる世界（天国とこの世）」での名前、今も、いつでも、これからの世も、永久に通用する名前をもったことになります。

聖堂にたゆたう乳香の秘密

聖堂、神の宮に足を踏み入れると、まず光と影の世界が私達を包みます。視界がイコンで埋め尽くされ、おのずとこころが引き締まるとともに、建物全体に染みついた独特の香りにも気が付きます。

アトス山の聖堂は963年創建のものがありますので、約1000年の香りが染みついているのでしょう。乳香は杉や松などの樹皮に傷をつけて沁み出した樹液が固まったもので、鈴のついた鎖で吊るした香爐《こうろ》という聖器具に粉炭を焚いた火床をつくり、そこに数粒投じて薫じ、聖堂内を振って廻ります。

樹液の香りの種類は、バラ、レモン、ユーカリ、アカシア、バニラ、琥珀《こはく》、ヒヤシン

聖体礼儀、大聖入前の炉儀。聖ミナスのケリにて

ス、ミロなど多種あり、整えられた火床で焚くと、それぞれの樹液のストレートな芳香が広がり、嗅覚をスーッと貫き、同時にこころを鎮めます。

真夏の炎天下を歩いてたどり着いた修道院で、たまたま奉神礼中で炉儀の行われている聖堂に足を踏み入れた時でした。乳香の香りが鼻の奥まで通り、爽やかで、不思議と涼を感じたことがありました。乳香の香りは、体全体に沁み入るようで、心身を落ちつかせる効果があり、まさに天国の香りなのです。

復活祭の1週間前の主日、「枝の祭り」と呼ばれる「聖枝祭」の早課は、前の晩の夜半にクライマックスを迎えます。福音書のイエス・キリストのエルサレム入城のくだりを聖職者が読み終えるころ、修道士達数名が手分けして大きなカゴに満たした新緑の木の葉を聖堂の床に撒き始めます。

やがてそれを踏みつける音が伝わってきます。さながら神宮外苑の銀杏《いちょう》並木を行くようです。福音書に接吻するために王門前へ歩むと、敷きつめられた木の葉の「カサカサ」という少し乾いた響きが靴底から伝わり、聖堂に満たされた新緑の香りも体験されます。そして祭服を完装した主教の手から、棕櫚《しゅろ》の小枝を一本いただいて、その日はそれをずっと携えつつ奉神礼に参禱するのです。

まさに、イエス・キリストのエルサレム入城の場面がこの聖堂において再現されます。そこで展開される光景、香りと音、いわば五感をもって受け容れられるすべてが、聖書の物語を再現します。

聖堂に置かれたイコンや壁画、そして乳香の香り、光、それらは、奉神礼のコスモロジーを展開し、聖書に記された事件の現場を実感するための役割を果たします。

正教の奉神礼は、様々なかたちで五感に訴えかける構造を常にもっています。聖堂に射し込む夕陽、朝陽の光彩、蠟燭や油器などの灯火、香の香りと鈴の音、司祭や修道士達の朗声、詠唱、足裏の感触、甘いワインの染みたパンの味わい、十字架、イコン、不朽体への接吻など、祈りを献げる人の五感が縦横に動員されて、神の国をめざすこころを進めながら、感覚のはたらきすべてが響き合って、天国を、その日の霊的なテーマをイメージしつつ祈ることができるところ、それが聖堂です。

第4章

生活習慣としての斎《ものいみ》

修道院ではどんなものを食べているのか

ギリシャ語で「タベルナ」は町の食堂のことですが、食べ物屋が「食べるな」というのも、語呂がおかしいと日本人なら誰でも思います。観光客向けに白いテーブルクロスがかけられた少々きどった店から、片田舎の小さな町でワイワイがやがや、土地の人でいっぱいのところまで、町のタベルナの風景は様々です。地元の人達が、フラリと寄って腹を満たしてゆく。そんなところがタベルナです。そのタベルナで提供される野菜類を中心とした料理のほとんどは、修道院でも日常的に食する料理なのです。

タラモ・サラタ

タラコのサラダ。タラコをほぐして、牛乳を軽く染み込ませたパンやパン粉、あるいはマッシュポテトによく混ぜて、ペースト状にしたもの。オリーブオイルをつけたパンに塗って食べます。

ザジキ

ヨーグルトをザルで漉《こ》して水切りをした、いわゆるギリシャヨーグルトに、摺《す》りおろしたニンニク、細かく刻んだキュウリ、ハーブを混ぜ、塩とレモン汁で味を調え、パンに塗って食べます。

イエミスタ

トマト、ナスなどをくり抜き、その中身に米を混ぜて軽く炒めて、くり抜いた中に詰めて、バットに並べ、オリーブオイルをかけオーブンでじっくり焼きます。トマトの酸味や甘みが米に染みて味が決まります。JR森駅のいかめしのように小イカに詰めて煮込むこともあります。修道院のメイン料理として定番です。

ムール貝とエビのパスタ

ミディア

ムール貝のこと。殻からはずしてエビといっしょにトマトソースで煮込み、パスタにからめます。他に、塩、ニンニクで、ただ煮込んだだけでもおいしく、また、ムール貝に小麦粉をふり3個くらい握ってまとめ、サッと空揚げにして、揚げたてにレモンをたっぷり搾って食べます。

ファソラキア

モロッコインゲンをオリーブオイル、タマネギ、トマト、ニンジン、ジャガイモとともに煮込みます。これも修道院の定番料理です。

ドルマデス

酢漬けにしたブドウの葉で、炒めて味付けした米を包み、ホワイトソースで煮込んだもの。ホワイトソースはアブゴレモノという、卵とレモン汁を混ぜてつくった白濁したソース。それをからめて食べます。

ブリアム

各種野菜をオリーブオイルに浸してオーブンで焼きます。ニンニク、トマト味ベースで、野菜だけなのにボリュームがあって腹持ちがいい料理です。野菜はナス、ピーマン、ズッキーニ、ニンジン、タマネギ、ジャガイモ、白インゲン豆、塩漬けオリーブなど。

プサロ・スーパ

魚のスープ。タラなどの腑を取ってぶつ切りにし、水分量は多め、摺りおろしたタマネギとレモン汁、オリーブオイル、ニンニクをいれて、魚のすがたが崩れないように静かに煮込みます。祭日の奉神礼が終わったあとの修道院のご馳走として定番です。

ガリゼス・スーパ

エビのスープ。多めの車エビをあまり焦がさないように繰り返し丁寧に裏返しながらグリルしたら、殻を取っておきます。その殻を煮込んでとったエビの出汁《だし》を網で漉し、その出汁とジャガイモと摺りおろしたタマネギベースでポタージュスープをつくります。はずしたエビの身は煮込まず最後にいれます。これも祭日料理の定番です。

定番の白インゲン豆のトマト味スープ

豆のスープ

レンズ豆、ひよこ豆、白インゲン豆、グリーンピースなどの、トマト味のスープ。斎《ものいみ》(節食)の時期の修道院の定番料理です。

ホルタ

各種の野草を野原で摘んできて茹でたものに、オリーブオイルとレモン汁をかけて食べます。野草は食べられるか食べられないかを判別する熟練技が必要で、私も厨房担当の修道士の手伝いで同行し、現場で葉の特徴を教えてもらい、カゴいっぱい摘んできたものの、半分以上が食べられないものと判断されました。これは食べたら危険とまで言われてしまいました。

カラマリア

透き通るような小イカに小麦粉をからめて揚げます。熱いうちにレモンを搾って塩をふって食べます。パタテス（フライドポテト）が添えられます。

パスティッチョ

バットにオリーブオイルを引き、薄くスライスして塩、胡椒をふったジャガイモを並べます。茹でてトマトソースをからめた太めのマカロニをたっぷり流し込み、その上にナスのスライスを薄く敷き詰めて層をつくり、ベシャメルソースをたっぷりかけます。その上にパン粉とパルメザンチーズをふり、オリーブオイルを薄く満遍なくかけてオーブンで焼きます。ナスで分離された状態のトマトソースの酸味と上のベシャメルソースのコクが、口のなかで混じり響き合う食感と味わいが特徴的です。

アボカド

これは、料理ではありませんが、斎《ものいみ》期間の定番食材。脂肪の塊なので腹持ちがよく、どんな味の料理と混ぜてもその食材の味を妨げないものです。お粥《かゆ》、各種スープ、サラダなど、とにかくメイン料理のボリュームアップが可能。修道院の食卓にはいつも置いてあり、握ってみてじわりと凹むもの、中身に黒く変色した部分があるものが食べごろです。修道院では一切肉を食べません。

ギリシャには、肉や魚を使わないで野菜や米、パスタなどを用いて工夫された料理が多く、タコとイカの料理も種類が豊富です。欧州ではあまりタコを食べない国もありますが、ギリシャではよく食べます。朝、港にあがった生のタコを石などにぶつけて軟らかくしてから夕方まで軽く干したものを、煮たり焼いたりした料理を海辺のタベルナではよく見かけますが、修道院でもよく食べます。

斎《ものいみ》(節食)はこころを研ぎ澄ますのが目的

さて、正教では斎《ものいみ》という節食の習慣が信仰生活で大きな意味をもっています。修道院では、それがしっかりと守られます。家庭では、ルールの遵守は、基本的に本人に任されますが、病気の場合などは無理をしないように指導しています。

その節食行為を「斎《ものいみ》(lent)」、ギリシャ語では「ニスティア」と呼びます。斎《ものいみ》という訳語は「食べ物を忌《い》む」、すなわち避けるという意味になります。修道院では完全な断食もありますが、ほとんどが一定のルールに基づいた節食行為です。

食物の摂取をコントロールすることは、知的活動を効率よく進めるのに、不可欠の行為です。加えて良質な眠りを得るにも有効なこと、それが節食とかかわっていることも修道院での体験で実感しました。つまるところ、飽食の気怠《けだる》さのなかで深い祈りや正常な知的活動などできないし、良質な睡眠もとりにくいということです。

信仰生活においても、コントロールの利いた食生活があってこそ、ただしく神に向かう姿勢が確保されるということで、とりたてて修行のような耐えることを目的とした行為ではありません。修道院で節食する目的はただしい祈りをするためです。修道士達は、信仰者として、斎《ものいみ》をただしく神に向かうための「喜びのいとなみ」として大いに前向きにとらえています。

斎《ものいみ》は、こころを研ぎ澄まし、神へ向かうこころを確かなものにすることが目的です。

ある共住修道院の院長が、師父ポイメンに訊ねて言った。どうすれば神への畏れを獲得できるでしょうか。師父ポイメンは言った。チーズの入った革袋と塩漬け肉の入った壺とを持っていて、どうして神への畏れを得られようか。

（『砂漠の師父の言葉』ポイメン181）

斎《ものいみ》のルールでは、食物を次のカテゴリーに分けます。これらは斎《ものいみ》が必要な食物です。

悪魔に誘惑される修道士の図。ドヒアリウ修道院のアルホンダリキ（巡礼者受付待合室）の壁面

1）肉
2）乾酪類（チーズ、バター、牛乳、卵など）
3）魚（背骨のあるもの）
4）油と葡萄酒（アルコール飲料すべて）
一般の正教徒にとって右記の食物は、斎《ものいみ》の日は、すべて禁止です。肉だけが禁止の日もあります。オリーブオイルと葡萄酒だけが、許される日もあります。その規則は、『正教会暦』という年間のカレンダーに記載され、毎年刊行されます。

・復活祭前の約40日間の大斎《おおものいみ》
・聖ペテロ、聖パウロ祭の斎《ものいみ》（2週間前後、復活祭の日によって伸縮があります）
・生神女就寝祭の斎《ものいみ》（祭日前の14日間）
・降誕祭前の聖フィリップの斎《ものいみ》（祭日前の38日間）
・毎週水曜日と金曜日（修道院では月曜日も含める場合があります）

背骨のないものなら食べてもいい

斎《ものいみ》から除外される食品もあります。クシロファギア（乾燥食品類）と呼ばれます。これは、ナッツ類、豆類、穀類、芋類、乳製品や卵を含まないパンやクッキー、蜂蜜、砂糖、胡麻を用いた食品、果物、乾燥果物、生野菜、乾燥野菜、水と塩で調理した野菜、タコ、イカ、貝類、エビ、植物性マーガリン、コーンやヒマワリなどオリーブ以外でつくられた植物性の油です。

乾燥食品は斎《ものいみ》から除外され、いつでも食べることができます。そして、タコ、イカ、エビなども斎《ものいみ》の期間にも食べることができます。これらは「血液をもたないもの」であり、また「背骨のないもの」は魚とみなさないからでもあります。

ところで、オリーブオイルは斎《ものいみ》の時は食べられません。やはり、斎《ものいみ》は常に用いる可能性の高い食材を制限する習慣ですので、他の油と比べ別格としています。

冬のある日、私はギリシャの大地の恵み、オリーブの収穫と搾油の過程を体験することができました。まず、たわわに実ったオリーブの木の下にビニールシートを敷きます。物干し竿くらいの棒を用意して枝を叩いて実を落とします。葉っぱもいっしょに落ちるので、なるべくはずして、ビニールシートに包みます。

搾油機（昔は石臼だったようです）のある小屋に運びます。搾油機は、葉を飛ばす扇風機、実を洗う洗浄機、回転して搾る遠心分離機に分かれています。最後の遠心分離機から受け皿に流れ出る搾りたての油は生きているようでした。ダラリとした重さはなく、サラサラとしてパチンコ玉が箱のなかに落ちて行くようにはじけ飛んでいくのです。

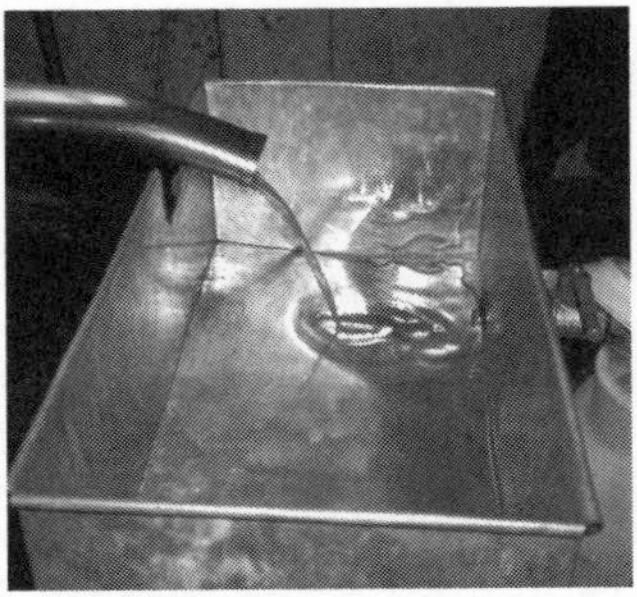
搾油の最終段階。ノズルから、オイルがほとばしる

一人がノズルから流れ出る油にパンの切れ端を近づけて、浸してそのままほおばりました。珍しげに（羨ましげにしていると見えたのかも）見ていると、私にもパンの切れ端を渡してくれました。パンはびっくりするほど硬くて重みがあり、中身はちょっと黄色いカステラのようだったのですが、果汁のようなサラリとした油を浴びて、柔らかくなったパンを舌の上に置くと、搾りたての香りと味が実感されました。

あの青い新鮮なオリーブがもつ草のような香りと味わいは、市販の瓶詰めにはないものでした。まるで抹茶のような色合いの搾りたての油からもたらされるその「味わい」を体験すると、大袈裟に思えるかもしれないけれど、世界が変わります。オリーブは「フルーツ」だと感じます。リンゴやキウイやバナナや洋梨を食べているのと変わらないのです。

小屋の前には、収穫された沢山のオリーブの実がはいった袋が運び込まれて、機械にかけられる順番を待っていました。もって来た収穫物は、修道小屋に住む僕達の1年分だと嬉しそうでした。ちょうど自分達の袋が機械にかけられるころ、覗きに来て、製造過程をひととおり見終えて、最後のノズルのところに来て座っているのです。みんな大地の恵みを実感して喜びが伝わってきました。

第5章

聖山アトスの大修道院へ

世界遺産のなかでも貴重な「複合遺産」である聖山アトス

ギリシャ北部に位置するアトス半島。ギリシャ人達は、「アトス」という名称を用いず、格別の思いをこめて「アギオン・オロス（聖山）」と呼びます。

ここは、地上に在りながらも世俗を超えた「聖なる山」であり、祈りの生活を貫く男性修道士だけが正式に籍を置くことができる聖地です。

修道士となるには、まず見習いとして祈りの生活にはいります。強い信仰と終生祈りの生活を続ける意志が確認できなければ、修道院長の祝福（許可）は得られません。早い人もいれば、そうでない人もいます。ギリシャ共和国憲法によれば、修道士となるにはギリシャ国籍も取得する必要があります。

聖山アトスはユネスコの世界遺産のうち、数少ない「複合遺産（「自然環境」と「人間の文化的いとなみ」）」として登録されています。アトスの修道士達の、神に向かういとなみそのものも遺産として登録されています。

そして、正教徒の巡礼者達も、この聖地に相応しい存在として、神に向かうこころを整え、修道士による自治政府から特別な許可証をいただいて、初めて入山することができます。

現在訪れる巡礼者は、年間10万人を超えていて、正教徒の成人男子と、その付添のある未成年男子であり、かつリピーター（10〜20回以上の入山も稀ではない）が多いのが特徴です。

非正教徒（異教徒と他教派のキリスト教徒）の入山は1日10名しか認められていませんが、最近はそれも緩められつつあると聞いています。

巡礼者は約4000円の入山料のみを支払えば、3泊4日まで無料で滞在が認められます。滞在中は修道院の宿坊に寝泊まりし、祈りに加わり、食事（1日2食の精進料理）が提供され、修道士達と生活をともにしつつ語らうことができます。さらに希望すれば滞在延長も認められます。

聖山は963年、半島先端部にあるメギスティス・ラヴラ修道院が創建されて以来、20の修道院を擁し、現在も約1700人の修道士が祈りの生活を続けています。

1046年、ビザンティン帝国のコンスタンティノス9世は帝国の公式文書（ティピコン）をこの自治領に公布し、この修道院自治区の行政的な規則となりました。内容はビザンティン帝国の宦官《かんがん》（去勢されて官職に就いた者）や髭《ひげ》のない者の入山禁止措置、修道院の財産の管理、商業活動のルールなどに及び、現在も有効です。

家畜でさえ雄のみ。徹底した女人禁制

聖山アトスは生神女（神を産んだ母）マリアを統治者としていることもあり、この時期から「女人禁制（άβατον アバトン）」が公式化しました。文書は女性の入山禁止について、直接は述べていませんが、女性が修道院に入れないことは周知の事実だったので、そのまま慣習化したとされています。

また、文書のなかに、「家畜の飼育の規制（繁殖ができない）」の事項があり、これによりアトスでは荷物運搬や農耕などのための馬や騾馬《らば》も雄しかいません。

ただし、猫だけはネズミ退治のために繁殖が許されていますが、それがどの時期からなのかわかっていません。トラペザ（食堂）担当の修道士達が、食事のあと、中庭に集まってくる猫達に餌《えさ》をやるすがたを目にします。

アトスは半島部ですが、世俗世界との境界部を越える陸路は遮断されているので、船で半島の中央部にある港まで一島嶼《とうしょ》のごとく渡ります。

修道院へは日没までに到着しなければ、それ以後、門は固く閉ざされて滞在はできません。巡礼事務所の注意事項によると野宿は禁止ということになっています。

アトスではユリウス・カエサルの制定した旧暦を今も用いていますので、現在のグレゴリウス暦から13日の遅れがあります。時刻も約6時間進んでいるビザンティン時刻を使用しています。

天国という名の港町から聖山アトスへ

大型のバックパックに、祭服や黒衣と書籍等を詰め込んで、聖山アトスへの入口となるウラノポリ（「天国」という意味）という港町にはいったのは、小雪のちらつく2月初旬でした。夏はリゾート地として多くの観光客が訪れる町なのですが、冬はほとんどのホテルや食堂などは閉じていて、海辺のテラスは枯れ葉が舞い閑散としていました。

ウラノポリという地名は、まさしく天国への入口の町という意味だという理解があり

かつては30キロの道のりを徒歩で進んだ。道端には救いの十字架がある

ます。アトスへはいった巡礼者達が、修道院の厳しい日課や食生活の体験に辟易《へきえき》して、やれやれと戻った世俗の世界をむしろ天国と感じた結果だと言う人もあります。この町のいわれについて、いずれの解釈も、巡礼者達それぞれの実感がこもっています。

復活祭前の約40日間、復活祭、五旬祭など大きな行事が連なる約半年間、正教の祈りの最も濃密になる期間に、アトス最古のメギスティス・ラヴラ修道院への滞在が実現しました。アトス半島の先端近くに位置していて、聖人アタナシオスによって開かれ、所属する修道士が最も多い修道院です。

この修道院に至るには、ギリシャ北部の大都

アトス最古のメギスティス・ラヴラ修道院。首都カリエスから30キロの半島突端に近い場所にある

市テッサロニキからバスで約3時間かけて港町ウラノポリへ。そこから船で約2時間かけてダフニという港へはいります。さらにバスで30分登ったところが首都カリエスで、そこから30キロは徒歩か、ミニバスで未舗装路を揺られて2時間半かかります。事前に自治政府であるアトス政庁が発行する入山許可証（いわゆるビザ）を取得した男性でなければ船に乗れません。

翌朝、巡礼者事務所で許可証を受領して、アトス半島中部のダフニ行きの乗船券を求めるために、港のチケットショップにおもむきました。通常はパスポートを見せて買うのですが、この日は求められませんでした。渡されたチケットを見ると、乗船者名簿に「MONAKOS A.（修

仮の墓地。永眠者はここに2、3年埋められたのち掘り起こして遺骨を取り出し、眠りの場所へ移される。浅めに埋められるので土が盛り上がっている

道士A）」とありました。修道士＝monkを意味するギリシャ語「モナコス」は「一人」という意味です。修道士は財産や家族など世俗にかかわるものすべてを棄てて、ただ一人、神と向き合い生涯祈りの生活を送る立場になります。

私は修道士と同じ黒衣にスクフィアと称する帽子をかぶり、修道士用の防寒コートを着ていました。チケットショップの男性は、私がカウンターに近づいても、ちらっと視線を向けて黒衣姿を確認しただけで「エナ（一人なの）？」と聞いて、名前も確かめることなく発券（それも修道士割引）のキーボードを叩いていたように思えました。

修道士は修道の誓願を立てて、それを確認する剪髪《せんぱつ》式という儀式を行う時に、この世の名前を棄ててモナコスになります。古い衣服を脱ぎ棄てて、生まれかわって新たな名

前をいただき（いわゆる苗字もない）、天国への階梯を上っていきます。アトスで生涯を終わると、遺体は黒衣の上に黒布で包み、仮の墓地に地中浅く埋葬され、約3年後に掘り返して遺骨のみを取り出し、来るべき復活の日を待って、キミティリオンと呼ばれる「眠りの場所（いわば「寄せ墓」）」へ安置されます。

キミティリオン（眠りの場所）。ラヴラ修道院には、963年創建以来約7500体の遺骨が納められている

祈ることにすべてを献げる生活とは

しかし、私自身は、妻も子供もいて、日本で日々の勤めをもち、その時の立場としては研究のために、大学から休暇をいただいてアトスを訪れるのであって、修道士ではありません。とはいえ私としては研究のためだけに訪れているわけでもなかったのです。私はかねがね、祈りの日々を修道院で過ごしたいと思ってきたからです。

アトスの修道士達は「祈ること」のためにすべてを献げて、自らが限りなく神に相応しい存在となることを求めて日々を過ごし、ただ聖なるもの、すなわち聖堂の内奥の至聖所の宝座（祭壇）とそこに納められた聖遺物、すなわち奇蹟を導いた聖人の遺骨などを、すでに1000年を超えて守り続けてきました。

修道士達は、自らがどれだけ聖なるもの、すなわち神に相応しい存在になれるかを、実践していきます。そのためには、先人となる聖人を模範として倣《なら》うことが必要になります。

ここで私は、修道士達と同じように祈り、歌い、食べ、与えられた仕事をし、思索し、文献を調べ、器物の写真を撮り、執筆し、恐ろしいほどの静寂に抱かれて、夜は深い眠りに落ちて日々を過ごしました。そして何より祈りに満たされた生活のなかにあって、とりわけこころ穏やかな日々だったのです。

日々の生活では、みな温かく迎えて仲間にいれてくれました。訪れて初めての食事で「パヴロス、あなたはこちらの席に座るのです」と、トラペザ（食堂）をとりしきる修道士に促されて食卓に案内され、そこが定席となりました。そこは長老修道士が座る席、一般の修道士達の席の最上席にあたるところでした。

私はいつも「パーテル・パヴロス」と呼ばれました。この「パーテル（父）」という呼び方は、修道士や聖職者などともかく黒衣を身につけている人や長老への尊称として広く用いられています。

巡礼者達とすれ違うと、「パーテル・パヴロス・エヴロギーテ（祝福をください）」などと、胸に手をあてて声をかけられます。こういう場合は「あなたは、オ・キリオス（主において）と言って、胸に手をあてて応えなさい」と長老から挨拶の仕方を教えられました。

また、修道士達は初め気難しそうに見えたのですが、物静かで、澄んだ眼差しを向けて優しく微笑みかけてくれるのが常です。長老も含めて、ほとんどの修道士達は意外と気さくで、時には冗談も言うし、高らかに笑い、おどけたり、大声で話したり、茶目っ気を見せる時さえあるごく普通の人達でもあったのは意外でした。

突然、「パヴロス、仕事は教師だそうだが、何を教えているのだ」と問われ、「古典ギリシャ語です」と答えると、「日本でもそんなことを教えているのか」と驚くので事情

トラペザ（食堂）。左の宙吊りのブースで係の修道士が聖人の言葉を朗読するなか食事が進む

をひととおり説明することになり、「それなら、6ヶ月もここにいて、その仕事はクビにならないか」と、真顔で心配してくれたりもしました。

いつもトラペザでグループになって席に座る時、いっしょになるS修道士は、食事が終わるころになると、残った食べ物を見回して「パヴロス、早くポケットにしまえ」と目で合図してくれます（持ち出しは禁止なのですが）。サラコスティ（大斎《おおものいみ》）の期間はオイルなしの野菜料理で、おまけに平日は1日1食に減ってしまうので、夕方にはどうにもお腹がすいてきます。

トラペザでもラーソという薄手のマントのようなものをはおっているから、その内側のチョッキ（釣り人の着るような）のポケットが、多少ふくれていても目立ちません。欲張れば分散してアボカド、オレンジ、リンゴやお菓子などもはいるし、パンも2切れ、

3切れはもって帰れる充分な収納力があります。

天国に一番近い場所

このように時には便利な黒衣ですが、聖職者や修道士などになったら、体を浄める時（沐浴《もくよく》の時）以外は、脱いではいけないことになっています。かつて、「パニギリ」というパスハ（復活祭）や降誕祭に次いで大きな祭（500名以上の参禱者がある）に合わせてここを訪れた時、他の修道院から厨房の手伝いに来た修道士6名と相部屋になって約1週間いっしょに寝泊まりしました。

彼らは眠る時もずっと黒衣のままなので、私も初めてそういう生活をしたのですが、正直なところやっぱり寝る時くらいはパジャマに着替えたいと思ったのは事実です。

その後、私は修道士見習いと同じ棟に個室をいただきました。部屋にはベッドと古びた机と椅子が二つ、中庭に面していてアトスの峰を望むことができる窓からは、猫がじゃれているのが見えました。机の上にはPC、それに家族との連絡のための携帯電話、そして祈禱書などの書物と文具、食料、お湯を沸かす小さなガス・コンロと手鍋、衣類など。下着類や靴、黒衣、生活用雑貨類は物資係のところへ行くと配給されます。

アトスには有線電話が引かれていて、携帯電話の電波も良好なのですが、商用電源は供給されていません。大修道院以外の修道小屋はランプ生活です。しかし、この大修道院では約1000年前にここの創建者聖アタナシオスが発見した泉の恩恵を今でも受けていて、小規模ではありますが近年建設された水力発電施設があり、冬の暖房は薪ではなく電気ストーブでした。

お祈りに必要な聖歌について、出発前にカノン（聖歌）を歌う練習をしてきたのですが、なかなかうまく節が回せないし、その速さについていけません。ネウマ譜という特殊な記号を用いた楽譜があるのですが、それを見ながら歌っていても取り残されてしまいます。

歌誦全体の節回しをすべて憶えてしまわねばなりません。約2ヶ月かかりましたが、パラクリシス（祈願の祈禱）というお祈りのカノンをなんとか歌うことができるようになりました。

私の両隣の修道士見習いの部屋からは、聖歌や旧約聖書の詩篇を読む声が、毎晩漏れ聞こえていました。まさに眠るまで祈っていると言っても決して大袈裟な表現にはなりません。しかし、この生活を続けても修道士になるまで最低5年はかかると聞きます。

初めてこの修道院を訪れて聖堂で祈りの時を過ごしてから、毎年ここを訪れるたびにこの修道院にとりわけ親しみを感じてきました。この長期滞在に際しても、私の一信徒としての個人的なお願いの手紙をただ1通、修道院長に託しただけで、6ヶ月滞在の許可をいただくことができました。こうして限りない恵みに満たされて天国に一番近い国で祈りの日々を過ごすことができたのです。

しかし、長老修道士が「パーテル・パヴロス、君はここで見たこと、正教のアガペー（愛）のこころを日本の人々に伝えなさい。それが使徒としての君の役目だ」と励ましてくれた言葉が深くこころに残っています。

情報の嵐からの遮断

日本を出発する直前までは、仕事にかかわる電話や手紙、電子メールのチェックと返信に追われ、子供達や父母の生活にかかわる話題等々に耳を傾け、食卓につけば様々な話題がテレビや新聞のニュースからもたらされ、特に、当時はイラク戦争の戦後の処理をめぐる日本の貢献についての議論や、自衛隊派遣の問題、テロの危険などについての報道が行われ、誰もがそうであるように情報の嵐のなかに暮らしていました。

ギリシャにはいれば、この国の人々が熱狂する大きな行事、国政選挙を間近に控えていましたので、ギリシャ二大政党の政策についての話題や議論がテレビや新聞を通じて伝わってきました。

しかし、修道院で生活を始めると、それらの情報はいとも簡単にほぼすべてが遮断され、日本に残してきた家族のこと以外、興味を示す必要すら全くなくなりました。

毎日お祈りをすることに没頭できるのです。なんと平穏な日々なのだろう。入山して少し落ちついたころ、世話になったアテネ在住の友人に電話で近況を知らせた時、即座に返ってきたのは「羨ましい」という言葉だったのです。

テレビを修道院内で目にしたことは今までないし、修道院内のゴミ箱のなかをながめても新聞紙1枚すら目にすることはありませんでした。どこにでも転がっていそうな物品を入れる段ボール箱や包装紙などにもめったにお目にかかれません。外部との交流は巡礼者や、私のような中・長期滞在者のもたらす情報と電話によるものがありますが、電話も事務所に古びた公衆電話が1台あるだけで（これも雨が降ると通じなくなる）、それを利用するのは毎日入れ代わり立ち代わりやってくる巡礼者達と改修工事などをしている労働者達、そして私だけだったのです。修道士達と交わした会話のなかでも、私自身の仕事を聞かれて説明したこと以外は、外の世界のことについて興味をもたれた記憶はほとんどありませんでした。

女人禁制の世界

ある時、長老と会話していて、私の歳を聞かれて答えると「私は若いころここにはいり、あなたの年齢以上にずっとここにいて、一度も外に出ていません」などと言われ、この長老は第二次世界大戦以降の世界の情勢などについても何ひとつ知らないと考えてもいいと思いました。付け加えれば、この長老は「女性」のすがたを60年以上目にしていないということなのです。

もちろん世俗の生活を、ある程度いとなんでから修道士となった人も多くいます。かつては国際航路の船乗りだった人（長崎、佐世保、横浜などに寄港したと言っていました）、弁護士、税理士、教師、運転手など。そういえば独特の厭世《えんせい》観をもった修道士と知りあいましたが、親しくなってから、彼は失恋したことを告白しました。

ここにはいってから、あえて知ることを求めない限り、すべては遮断され、何ひとつ知る機会はなくなります。地球上に修道院は他にいくつもあるでしょうが、これほど外の世界と遮断されうる場所はありません。約1000年の間、正教会の祈禱書に沿って行われてきた祈り、奉神礼が今そのままここにある。地球上にこのような場所が他にどこにあるでしょうか。

そして、女人禁制の世界。このことについては、近年EU諸国から、アトスへ女性がはいれるよう「開国」を促すメッセージが送られ続けています。つまり、開山して、観光客を受け容れてほしいということなのです。しかし、先にも述べたように、この地は女人禁制の地ですが、修道士達にとって、ここは生神女（神を産んだ母）マリアの園です。ここに住まう男達のあこがれの女性は、テオトコス・マリアただ一人だけ。「あこがれの女性とともに住む家に、誰が他の女性を入れることができますか」という答えが返ってきます。

第6章

時を超越した聖堂

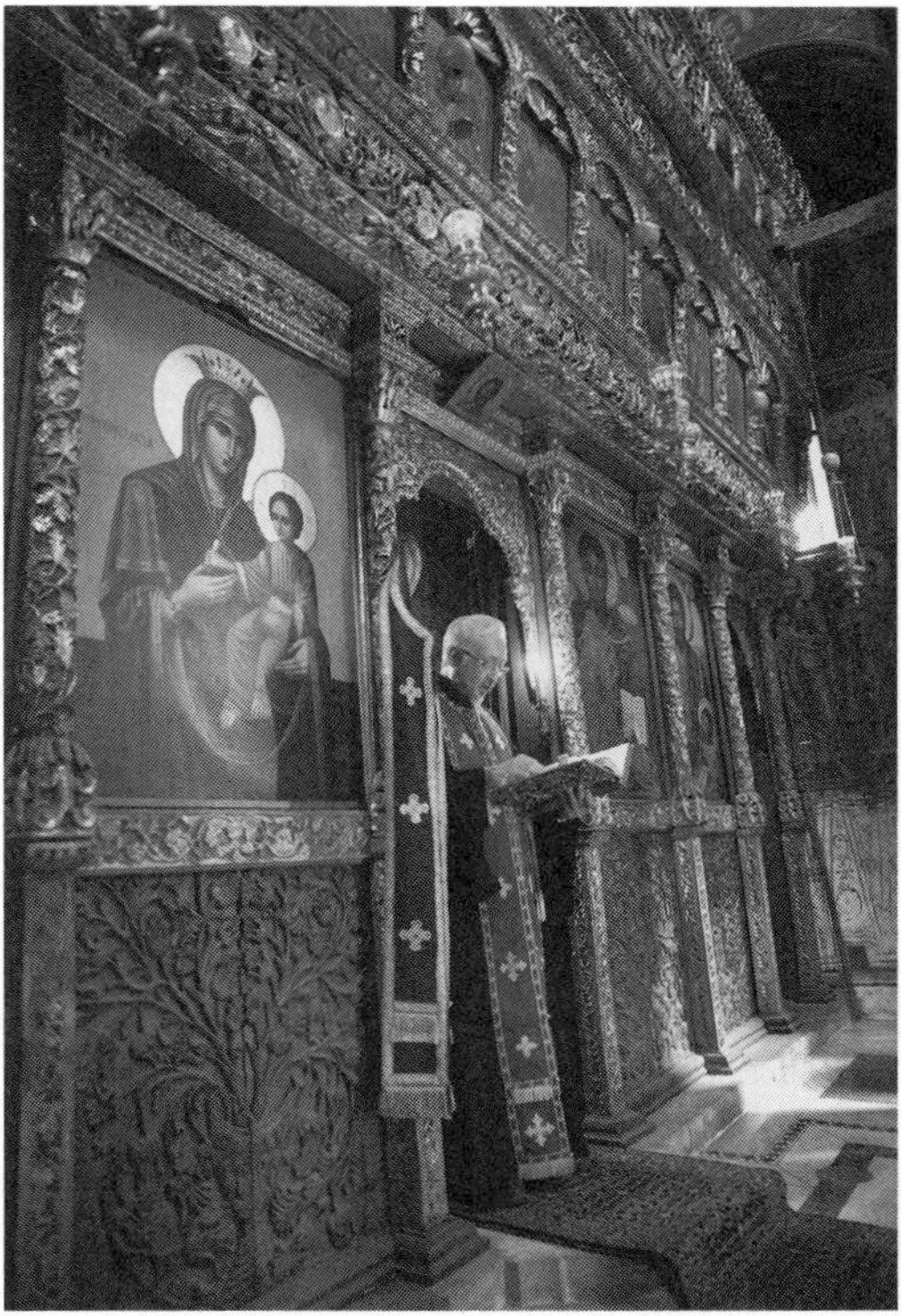

祈りの場のルーツ、天国の象徴である聖堂へ

かつて聖山アトスに初めて足を踏み入れて、聖堂にはいった時の印象は今でも鮮明です。成田空港を発ってまる一昼夜を経て、メギスティス・ラヴラ修道院のアルホンダリキ（巡礼者受付）にたどり着きました。

修道院定番のおもてなし、水とギリシャ・コーヒー、ルクミという（超）甘いお菓子、そしてアルコール37度の蒸留酒チプロをショットグラスで一息に飲み干していると、「日本にも、本当に正教徒がいるの？」など、ギリシャ人の巡礼者達から、質問攻めにあいました。

キリスト教の宗派は、カトリック、プロテスタントという理解ですが、日本でも正教のキリスト教徒というと、どのように理解したらよいのか戸惑うような反応をされる場合があります。ギリシャでは、ほぼ、ギリシャ人=正教徒であり、ギリシャの生活そのものという意識ですので、「日本人なのに正教徒なの？」という思いをいだくことになるのです。

こんな話をしているうちに、受付の修道士は、当日の30人ほどの巡礼者をグループ分けして、大小様々な宿坊の部屋割りをしてグループごとに案内していきます。しばらくして、私は個室へと案内されたので、ベッドに倒れ込みウトウトしかけていると、お祈りの開始を告げるシマンドロ（板木《ばんぎ》）の音がかすかに耳にはいりました。修道士はシマンドロを叩きながら院内を廻るので、やがてその響きは段々せり上がるように迫ってきて、宿坊で休む巡礼者達に晩の祈りの時を告げました。ともかく聖堂に行きたいという逸《はや》る気持ちを抑えつつ身支度を調えて、バックパックの奥深くから引っぱり出した祈禱書を携えて主聖堂へと向かいました。

約1000年前に創建されたメギスティス・ラヴラ修道院の主聖堂に一歩足を踏み入れた時、染みついた乳香の香りでこころが引き締まりました。薄暗いなかで、まず

ほっと一息、修道院のおもてなし

聖アタナシオスの不朽体へプロスキニシスしました。窓の光と蠟燭の光に照らされた光と影の世界、断片的に浮かびあがる壁のイコン群に圧倒され、ナルテックス（啓蒙所）から聖所へと進み、数々のイコンにプロスキニシスして、聖所左翼のスタシディ（祈禱用の椅子）を確保しました。

その後、頻繁にアトスに通うことになってからも、聖堂には少し早めに着いて、みなの集まるのを眺めつつ、祈りの始まる時を待つようになりました。このひとときは、こころを鎮め、次第に天上にこころを移し、心身ともに祈る姿勢を整えることができる大切な時です。

何度か訪れてからは、久しぶりに会う修道士達との手短な挨拶の機会にもなります。聖堂内では私語は禁止なので、私を見つけるとサッと近づいてきて、小声で「よく来たな。今度は何日ここにいるの？」などとささやき語りかけ手を強く握りあってのまさに瞬時のやりとりになります。

常に一定した祈りの空間

私は、20年このアトスの聖堂に毎年来ていて、多くの親しい修道士と会うのですが、毎年会っていても、4～5年ぶりでも、10年ぶりでも、もっと久しぶりでも、修道士達は私を認めると変わらぬ微笑みで、昨日も会ったかのように受け容れて、その瞬間から、その場に身もこころもスッと納まっています。まるで、わが家に戻ったようです。私は、このやりとりから、いつもの修道院の祈りの生活の流れのなかに自然と身を置くことができます。それはなぜなのか、あるきっかけで気が付いたことがひとつあります。

修道院の大応接間の壁に、聖堂内を写した赤茶けた白黒写真が沢山貼ってあり、それを眺めていました。そのなかで、祈禱の際に使用する六角形の小さなテーブルの写真が目に留まりました。それは、聖人の祭日の奉神礼で成聖され、食事の時に食べる、「糖飯（砂糖を主体としたお菓子）」を置く台だったのです。そして、それは紛れもなく、今もそのまま同じ位置にあるものだったのです。

食い入るように写真を見ると、対になった大燭台、アナロイ（祈禱書を置く台）、イコン、シャンデリア、様々な聖堂の設備と形状とその位置は、ほぼそのまま変わっていません。世俗の世界では、半年も経てば、部屋のなか、建物や自然環境すら変わってし

トラペザ（食堂）と中庭

まうものですが、聖堂内の光景はほぼ変わっていないのです。

久しぶりに訪れて違和感なく、そこに納まることができるのは、いつ来ても変わらぬ世界がそこにある、時を超越しているからだということに気が付いたのです。あるいは、故郷に戻って山野風景を目にした感覚がそれなのでしょうか。

修道院は周囲に城壁を廻《めぐ》らしたように居住施設があり、窓は上層部にしかありません。入口は堅固な3枚の扉を備えた城門があり、厚い鉄の扉を閉じれば外部から完璧に遮断されます。

アトスに20ある修道院は基本的にはこれと同じ構造で、建物で敷地の外周を取り巻く城塞のような造りになっています。かつては、海賊やイスラム教徒の略奪行為から身を守るために必要であったのです。

この堅固に守られた敷地の中庭中央に、二つの建物が向かい合うように建っています。一方はドームを擁していて、十字形をしているので聖堂とすぐわかります。もう一方は切妻屋根のトラペザ（食堂）です。トラペザは4本（テトラ）の脚（ペザ）が語源で、「テーブル」「食卓」を意味します。現代ギリシャ語でトラペザは銀行のことなのですが、これは古代の都市国家の広場に露店を構えた両替商の机のことです。

敷地の広さや構造などにもよりますが、修道院のトラペザは聖堂の真向かいに双方の入口が向き合ってあるか、必ず近辺に配置されています。聖堂は天国の象徴であり、食堂は地上の世界をあらわします。互いに入口が向かい合っているのは、地上の世界と天国とはつながりのあるものであることを示しています。この世も、永遠の生命をいただいて生きる天国も、神の世界としてひとつなのです。

食事も祈りの一環

修道院では朝のお祈りがほぼ終わるころになると、対面しているトラペザの厨房から、オリーブオイルのなんとも言えないおいしそうな匂いが聖堂内に流れてきます。また、聖堂とトラペザの間には必ずスペースがあって、修道士や巡礼者の交流の場にもなるのです。お祈りが終わって食堂の扉が開くまでのひとときは、この広場で談笑しつつ食事を待つ、和やかな時が流れます。

修道院では食事も祈りの一環であり、奉神礼（聖堂でのお祈り）の流れのなかに位置づけられていますので、奉神礼によってその日の食事の内容や回数も決まってしまいます。大きな祭日以外の平時は1日2食、これ以上は奉神礼を行うなかで、一堂に会して食事をすることはないのです。

そして、1日1食しか食べられなくなる時期もあるのです。さらに、全くトラペザが開かれない絶食の日も少ないですがあるのです。食事も奉神礼とのかかわりなくしては語れません。

さて、立地条件にもよりますが、アトスのほとんどの修道院は大なり小なり農場をもっていますので、季節の旬の野菜や果物がトラペザに並びます。冬場のサラダはキャベツと決まっています。野菜の季節感を思い出すことになりました。野菜の少ない冬場のトラペザで、新鮮な甘みのあるキャベツに搾りたてのまだ香りの高いオリーブオイルと

農場と修道院

レモン汁をかけて味わいます。
ほとんどの野菜や果物が修道院の農場の収穫物なのです。やがて春が近くなるとレタスに変わり、夏はみずみずしいトマトとキュウリになります。私の滞在したラヴラ修道院ではトラペザで食べるほとんどの野菜と果物を農場でまかなっています。
トラペザには果物が必ず並びます。冬場はオレンジ、キウイ。やがて春が近くなるとリンゴに変わります。そして5月にはいってほんの短い期間ですが、とびきりおいしいさくらんぼや桃の季節がやってきます。夏はスイカとメロンが毎日食べられます。
ある日、農場でさくらんぼ穫りの手伝いをする機会がありました。たわわに実った枝が垂れ下がって重そうでした。梯子をかけて穫り入れをするのですが、その場で摘み取ったものをさっと洗って口にほうりこみ、真っ先に大地の恵みを実感します。

不謹慎ながら賞味しながら摘み取るということになり、修道士達は梯子の上で聖歌を口ずさんで代わる代わる神を讃美します。この収穫の喜びが自然と神の讃美につながるのです。厳しかった冬が終わり、うららかな春の陽を浴びて心身ともに解放され、そこで神の恵みを実感すると、自然と聖歌を口ずさみたくなってくるのです。

高台にあるオリーブ畑には蜂の巣箱がいくつも並んでいました。もっぱら巣箱の世話をしているA修道士の名を冠して、「メリ・A（Aの蜂蜜）」と呼んでいました。当のA修道士は「僕のおかげではなく神様から授かったものだ」といたく謙遜の姿勢でした。修道院の畑の収穫物は食材の90％以上をまかなうそうです。

オリーブ、レモン、ブドウ、桃、ネクタリン、オレンジ、スイカ、ネギ、ほうれん草、豆類の畑を見ながら修道院の調理場へと収穫物を運び入れる。穫り入れを手伝ったさくらんぼはその日の夕べの食卓にのぼりました。

ラヴラ修道院における日々の生活について見ていきましょう。修道士達は、農作業、食事の支度、パン焼き、巡礼者の接待、施設・設備の修理・保守などの役目を分担しています。

しかし、彼らの最も大切な仕事は「お祈り」、つまり聖堂で行われる「奉神礼（典礼）」に参禱することです。修道士は祈ることへすべてを献げる存在です。奉神礼の始業の合図は、毎朝3時半ごろに乱打される鐘とシマンドロ（板木）であり、それが1日あたり平時は朝夕2回、特別な期間は3回から4回に分けて行われ、合わせるとおよそ8時間程度になります。祈りだけが仕事ならば肉体的な負担も少ない生活のようですが、それが意外にそうではありません。

巡礼者達は、滞在中は聖堂の清掃を手伝います。週1回、聖体礼儀の前日の土曜日に行います。その時は清掃のために動かした家具などがあれば必ず元の位置にぴったり戻します。勝手に家具を移動したり、家具や設備を他の目的に使用することなど厳禁なのです。奉神礼のために使用するものしか、聖堂内には存在しないのです。

正教会の聖堂のしくみ

その時々の都合で変わっていくことのない空間、すなわち時空を超えた神の国に連なる世界、それが聖堂であり、天国を象るものだったのです。

私達が、唯一の神の前に立つという点では、聖堂は世界中どこでも同じですが、とりわけアトスの聖堂の聖所に初めて立った時は、大袈裟に思われるかも知れませんが、神に一番近いところに、ついにたどり着いたという実感をもったことも確かです。

さてここで、キリスト教の伝統に基づいた正教会の聖堂、ビザンティン聖堂のしくみについて、基本的なことに少し触れておきましょう。

ビザンティン聖堂の入口は必ず西側にあります。アトスの修道院の場合、入口の手前には建屋があって前堂といわれます。この前堂は厳密には聖堂の建屋の外であり、聖堂の準備が整って中央入口の閂《かんぬき》がはずされるまで、雨露をしのぐための待合室の役割をしています。

前堂から聖堂にはいると、すぐ「ナルテックス（啓蒙所）」と呼ばれる区画がありま す。その先の「聖所」とは壁や柱で区切られています。壁の場合は中央に厚い布（とい

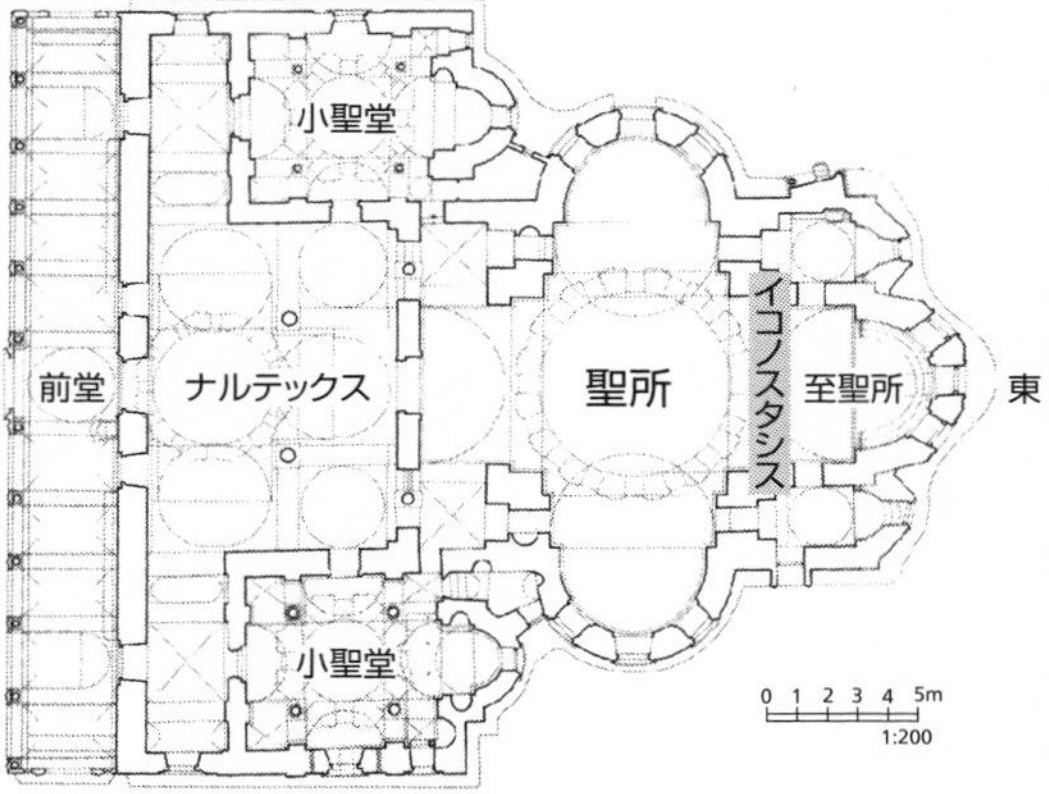

うより絨毯《じゅうたん》かと思われるほどの厚みの素材）のカーテンで仕切られた開口部があり、聖堂の中央部の聖所へと通り抜けられます。「ナルテックス」は古典ギリシャ語では、オオウイキョウ（巨茴香）という植物が語源です。荒れ地に育って大変に茎が硬いけれど軽く、古くから杖や、手足を骨折した際の「副え木」に使われました。ナルテックスは聖所に「副えて（付加して）」建てられた聖堂の一部です。

かつては聖堂の聖所には、洗礼を受けた信徒しか立ち入れなかった時代があり、洗礼志願者のために副え木のごとく付け加えられた区画がナルテックスです。現在は誰でも聖所へはいれますので、当初の目的からすると必要はないのですが、ナルテックスのみで行う奉神礼があることから、現在でも必ずなくてはならない区画です。

さらに教会建築の分野では身廊と呼ばれる、細長い絨毯が敷かれた中央通路を進み、聖所の中央に立ちます。そこでドームを見あげると、天頂の「全能者キリスト」が私達に眼差しを向けています。これはキリストの「昇天」、すなわち復活祭後40日目に天に昇ったことをあらわします。

天頂の全能者キリスト

キリストの周りには天使達、そして使徒達、聖人達が描かれます。すでに述べたとおり聖堂は天国、すなわち神の国の象徴です。そして復活祭後50日目には「聖神降臨」、すなわち私達が聖神に満たされたので、いわば天上とこの世である聖堂がつながった、まさに神の国との接点の場に私達は立つのです。

十二使徒のイコンの配された円環と中央のシャンデリア

シャンデリアの起源は聖堂

ドームには、シャンデリアと円環が吊るされています。奉神礼においてはシャンデリアに蠟燭が点され、神の栄光をあらわします。円環にはやはり蠟燭と、キリストの十二使徒のイコンが中央のシャンデリアに向かって内向きに配され、神を讃美しています。私達信徒はその下で祈り、十二使徒の功績を讃え、天国を待ち望む場に立ちます。

奉神礼の重要な（多燭祭＝多数の灯火を点ずる）場面では、このシャンデリアと円環のすべてに蠟燭が点され、かつ回転させて神の栄光を力強く演出します。真夜中に回転するシャンデリアと円環からの光彩は、回り灯籠《どうろう》のように聖堂の壁面を照らして廻り、まさに天頂から天使が舞い降りてくる様を演出します。シャンデリアの起源は、修道院の聖堂にあったのです。

奉神礼においては、祈禱書に記された祈禱文を読んだり、歌ったりしますので、祈禱書を置く台（アナロイ）が、必ず左と右（北側、南側）、聖所の両袖にあります。これは祈禱文を歌う場合に、アンティフォンといって、祈禱文を一節ずつ、右、左の聖歌隊が交互に歌い進めていく形式で祈禱が行われることによります。

肉体的負担が魂を覚醒させる

正教徒は聖堂では立って祈ります。立って祈る時はほんの少し前傾姿勢になります。この姿勢こそ魂と体で神へのあこがれをあらわす祈りの姿勢です。

私達の信仰の原点はキリストの死よりの復活です。復活は死の状態から立ちあがることであり、正教会では奉神礼においては、体力や体調の優れない場合を除いて、立って祈ることが原則です。立つことは体に負担をかけます。この負担が魂を覚醒させつつ、かえって安定して閑《しず》かなこころの層流状態を持続させます。

しかし、奉神礼では座ってもよい場面もありますので、ギリシャ系の教会にある「スタシディ」という祈禱用の椅子があります。これは、①座面を倒して座る、②座面を折り畳んで高い位置で腰を乗せて寄りかかる（肘掛けも使える）、③完全に立つ、という三つの姿勢がとれる一人用の祈禱ブースです。これは最長12時間を超える祈禱にはなくてはならないものです。

スタシディ（祈禱用椅子）。左に祈禱書を置く台、アナロイ

祈る時はイコノスタシス（聖障）に向かって立ちます。イコノスタシスとは複数のイコンを配した壁体です。イコノスタシスの向こう側の「至聖所」と「聖所」とを区別する役割がイコノスタシスにはあります。「聖所」はあくまで私達信徒がこの世にあって祈る場でありますが、「至聖所」は、主キリストの来臨する場として区別されています。イコノスタシスの中央には、奉神礼の際に聖職者が出入り

する両開きの「王門（天門）」があり、左右には用務のために用いる片開きの北門と南門があります。至聖所にはいることができるのは聖職者と、用務がある信徒のみです。

メギスティス・ラヴラ修道院のイコノスタシス

イコノスタシスは、そのイコンの配置について決まりがあります。中央には王門があり、奉神礼においては、天地の王であるキリストが、エルサレム入城を果たした門でもあります。王門の扉には、4人の福音書記者と生神女福音（受胎告知）、すなわち天使ガブリエルとテオトコス・マリアのイコンが配されます。

福音書記者については、配列位置も決まっています。左上にヨハネ、右上にマタイ、左下にルカ、右下にマルコです。この順序は、通常の福音書の順序と異なっていますが、教会暦に基づいて年間の聖体礼儀中に、年間通して読まれる福音書（『聖福音書』）の順序によります。

王門の右側には、キリストのイコンが、左側にはテオトコス・マリアのイコンが配されます。

王門の上部には機密制定の晩餐《ばんさん》（いわゆる最後の晩餐）のイコンが配されることになっています。北門と南門には天使ガブリエルとミハイルのイコンが配されます。

至聖所の中央には宝座（祭壇）があり、聖福音書が中央に置かれていて、司祭はその前に立ち、特別な奉神礼を除いて、信徒を祝福する時以外は、東（神の方向）を向いて参禱者に背を向けて奉神礼を行います。

宝座の上に置かれた『聖福音書』

すなわち正教会では、信者と対面して奉神礼を行うことは、一部を除いてありません（最古の「聖ヤコブの聖体礼儀」のみ例外とし、司祭は信者のほうを向いて行います）。

また、宝座の左奥には、聖体礼儀の際に用いるパンと葡萄酒を準備する祈り、「奉献礼儀」を行う奉献台があり、ここで、キリストの体となるパンと、血となる葡萄酒の準備が司祭によって行われます。

第7章 修道院では何をしているのか

修道院におけるイエロンダ（長老）の役割

ここで修道院の霊（精神）的指導体制について触れておきましょう。キリスト教の修道制は、聖パコミオス（3－4世紀）の修道士規定にその淵源をたどることができます。当時修道士達はすべて一般の信徒であると考えられていました。特別な聖職者（司祭）は置かず、一般の信徒を指導する役割として「イエロンダ（長老）」が存在します。司祭ではなく、リーダー的存在の長老の修道士の指導のもと、修道士達の霊（精神）的生活向上に寄与していました。

その後、聖バシレイオス（4世紀）の修道士規定に倣《なら》って、修道院にも聖職者（主教、修道司祭、修道輔祭など）が置かれるようになり、聖体礼儀を執行することが修道院内でも可能となりました。

アトス山では現在でも司祭であるなしにかかわらず、イエロンダは霊的指導者であり、イエロンダが司祭の場合は痛悔機密を通じて、司祭でない場合は日々の生活において修道士達を指導しつつ祈りの日々を送ります。

聖体礼儀における領聖（聖体拝領）

一般信徒の巡礼者の多くも、司祭であるかないかにはあまり関心をもつことなく、指導経験の豊富なイエロンダを訪ねて霊的な示唆を求めにやって来ます。

痛悔とは何か

正教会の霊的指導は痛悔、すなわち悔い改めと聖体礼儀においてキリストの体であるパンとキリストの血である葡萄酒をいただくこと、すなわち領聖（ご聖体をいただくこと）と深く結びついて行われます。

痛悔は主教あるいは司祭を立会人として自分の罪を告白し、神から罪の赦《ゆる》しを受ける機密です。最終的に罪を赦す権限は、主、神のみに属

巡礼者はイエロンダから祝福をいただく

します。神は、この権限を「代行する（伝える）」ちからを聖使徒達に与え、聖使徒達はその権能（代理権）を受け渡す儀礼である按手《あんしゅ》（使徒時代からのつながりによって、任命する者は任命される者の頭に手をかざす）により主教や司祭に伝えてきました。それゆえ、主教、司祭は、神の代理者として、告白された罪を赦す責務があるのですが、その権限は、あくまで神のみが有するのであり、主教や司祭は証人に過ぎないというのが正教会の立場です。

よく言っておく。あなたがたが地上でつなぐことは、天でも皆つながれ、あなたがたが地上で解くことは、天でもみな解かれるであろう。

（マタイ伝18：18）

従って、善悪の区別がつくようになったすべての正教徒（日本正教会では学齢以上）は、定期的にあるいは領聖に際して痛悔を受ける必要があります。ただし、痛悔は強制されるものではなく、あくまでも自らの意志で行うものです。

　アトスには所属する修道士が１００人単位の大修道院が20箇所あるのですが、その他に、一人のイエロンダ（司祭であるなしにかかわらない）のもとに数人の修道士達が、自給自足体制で共同生活をいとなんでいる庵《いおり》（スキテあるいはケリ）が２００箇所前後あります。こうした大修道院からの経済的援助が全くないスキテ（庵）やケリ（坊）は、経済的基盤を確立する必要があり、所属する修道士達は様々な労働（イコンや乳香の生産販売など）に従事しています。

アトス半島先端部、断崖絶壁に張り付くケリ

　司祭のいないケリなどでは、奉神礼に参詣するためには、復活祭や諸祭日など、特別の日に司祭が巡回してくるのを待つか、

定期的に大修道院に出向いて聖体礼儀に参禱して領聖することになります。

初めての絶食。大斎《おおものいみ》の生活

「斎《ものいみ》（節食）」の期間は、とりわけ祈りに集中できる時です。世俗の日常生活でありがちな飽食の気怠さは、はるか彼方の出来事として遠のき、かえってこころは次第に研ぎ澄まされ、むしろ深い祈りによってもたらされる大きな恵みに満たされていきます。しかし、1日に粥1杯だけの日々は、やはり大きな試練であることに違いはありません。

奉神礼の次第を示した『ティピコン（奉事規則）』の「斎《ものいみ》」の項に、最も厳しい段階の食事方法として、前述した「クシロファギア（乾燥した食品）のみ食べることを許す」とあります。

大斎《おおものいみ》（復活祭前40日間の斎《ものいみ》期間）第一週の月曜日、火曜日はトラペザが開かないので、2日間は水とクシロファギアのみになります。

初めての大斎《おおものいみ》の食生活に臨み空腹と格闘していたころ、それが私の表情やふるまいにあらわれていたに違いないのです。あるイエロンダから、お茶をご馳走すると告げられ

イエロンダ(右端)と奉神礼の始まりを待つ

ました。彼は80代ですが、もとは船乗りで世界を廻り、日本にも寄港した経験があります。彼は、60代の時にこの修道院を訪れたまたま出会ったイエロンダの指導を受け、修道士になりました。

呼ばれて部屋を訪ねてみると、大きなヤカンにお湯をいっぱい沸かし、そのなかに紅茶のティーバッグをひとつ、貴重品だと言っていれて、これでもかと煮出していきました。数分後、ようやく火を止めて、少し深めの皿を二つ揃え、そこに乾燥してラスクのようになった硬いパンを平たく敷きつめて、蜂蜜を念入りにかけてから、煮出した紅茶をジュッと注ぎ、繰り返し何度か裏返すと、突然私にフォークを渡して、少し冷めてから食べろとすすめました。

ころ合いの温度になってから、いわばフカヒレをフォークで刺してもちあげたようなベロンとした物体にかぶりついたのですが、口のなかで蜂蜜の甘みが広がり、色だけは鮮やかですが（ヤカンいっぱいの量の水でもこんなに鮮やかに紅茶の色が出たのかと感心しましたが）、恐らく壊滅的だと思われた紅茶の香りもかろうじて感じられるようでもあり、腹におさまってみれば、腹に染み渡るような思いで幸せな気持ちにすらなりました。

そして、イエロンダは斎《ものいみ》の過ごし方についての「体験」をゆっくり語り始めました（その内容はほとんど記憶にありませんが）。こうしたひとときのおかげで、当初は及び腰の気持ちが拭えなかった大斎《おおものいみ》の修道院での生活、それも絶食2日目の夜にあったのですが、空腹感からくる心身の不安定さは大分遠のいて、ホッとした気持ちになり、水曜日の聖体礼儀後の最初の食事までがんばれる兆しが見えたのです。そしてこの体験と後日のイエロンダとの「十字架へのプロスキニシス（接吻）」をめぐる歓談のひととき、これが修道院における生活の小さな転機となりました。

さて、正教徒は復活祭前の40日間を大斎《おおものいみ》と称して、かなり徹底した節食を続けます。その40日間の中日にあたる日は、「スタヴロ・プロスキニーシ（十字架への接吻）」の主日という大きな祭日となっています。何しろ40日間、肉、魚、卵、チーズ、オリーブオイル、葡萄酒などを食さない（土、日だけはオリーブオイルと葡萄酒は許される）のですから、当初、この期間にはいる前は、無事に過ごせるか不安でいっぱいでした。案の定、最初の1週間は、前に述べたように元気を失い、夕方になると空腹感がつのり、なかなか寝つけなかったのです。イエロンダは、恐らく私がそういう状況にあることを、その顔色などから察知したのです。

十字架への接吻が意味するもの

さて、「スタヴロ・プロスキニーシ」とは、教会暦に示された大切な祭日です。つまり、すでに触れた不朽体へのプロスキニシスと同じ行為を、十字架に対して行います。この日、大きな十字架が至聖所から聖堂の中央に搬出され、花が添えられます。これに2回伏拝、接吻、1回伏拝を行います。まず、聖堂にはいった時、その日の奉神礼中の

アトス半島を歩けば至るところに十字架を見いだす

指定された時、退出する時、それを朝、晩の奉神礼の時に繰り返し行います。これでもか、と十字架を意識する日なのです。

十字架からイメージするもの、それはもちろんキリストの十字架上の死です。神であり、人であるキリストは、十字架上の死をもって、一度地獄にくだります。これを描いたキリストの冥府くだりと名づけたイコンがあります。そして、地獄の象徴である「死」を滅ぼし、人類の代表であるアダムとイヴを救いあげ、死の支配する世界から復活し、私達が天国で永遠の生命を得て過ごす救いを実現したのです。そうした十字架の救いまで、あと半分だぞ、というお祭りの日が、「スタヴロ・プロスキニーシ（十字架への接吻）」の日なのです。

そこで、どんなことをイメージしたらいいのか。イエロンダは言いました。

「大斎《おおものいみ》の40日間は、対岸にある主の復活の喜び、すなわち楽園をめざして大海原を泳ぐことと同じだ。必ず泳ぎ切らねばならない。しかし半分近く泳いだところで、疲れを感じたのが今だ。すると海原に浮かんでいる木片を発見し、しばしそれにつかまって休むことができた。それは、ただの木片だと思っていたが、よくよく見てみると十字架だった。だから、今日はしばし憩う日だ。そして十字架の救いと神の愛を思うことが大切だ」

それから、しばらく経って大斎《おおものいみ》期間も終盤に近づいたある朝、宿坊の廊下で会ったイエロンダは「パーテル・パヴロス、気分はどうだい。サラコスティ（大斎《おおものいみ》）だね。とても清らかな気持ちだねえ」と静かな笑顔で、私に言葉

プロスキニシス。体を弓のように折るので、躬拝（きゅうはい）という

をかけてくれました。

いつもイエロンダは、私が投げかけた議論や尋ねた事柄には、ただちに「理屈」で答えたりはしませんでした。霊的生活にかかわる問いに対しての答えのほとんどは痛悔とかかわる実践的課題として私に示され、私に大斎《おおものいみ》を本当の祈りで過ごすためのヒントとなる知恵を提示して、私がその試みを模索し会得することをイエロンダはただ待つだけだったのです。

そのような生活のなかにあって、修道士達が口にする言葉のうちで、記憶に鮮明な言葉がありました。それは、やはり「謙遜（タピノーシス）」をおいて他にはないのですが、加えて、私の体験のなかでは、やはりすでに触れた「アパティア（諸欲を超越した安心立命の境地）」という言葉だったのです。

アパティア（禁欲）は苦行ではない

修道士がめざす「アパティア」という境地は、一般には禁欲主義、すなわちストア派的な禁欲主義の文脈で理解されてしまい、いわばこころの自律性を欠いた状態、快苦、喜怒などの感情を抑えて、強固な意志と理想に基づいて生きる禁欲的態度を示します。しかし正教徒としての理解はこれと異なります。

この「アパティア」という語は階梯者ヨハネが記した『楽園の梯子』第29講話において用いられていますが、これをストア派的文脈でとらえることはできません。大斎《おおものいみ》第一週の金曜日、『楽園の梯子』の誦読が終わりに近づくころに、以下のくだりが読み上げられます。

肉を不滅にし、理性を被造物より上に挙げ、すべての感覚を理性に従わせる人は、当然に不受動《アパテース》な人であるし、またそう認識されている。その人は主の御前に魂を置く人であり、その人の魂は、魂の力を超えて、主に向かって常に前進するのである。さて、ある人々は不受動心《アパティア》を身体の復活の前の、魂の復活であると、他の人々は(不受動心《アパティア》を)神の完全な知識、天使に次ぐものとしている。(階梯者ヨハネ『楽園の梯子』)

ここでは、魂のちからを超えて主に向かうことによってアパティアが得られることが述べられ、そしてその境地においては、むしろその人自身が生きているのではなく、その人のうちにキリストが生きていることを強調しています。このアパティアの概念の理解にあたって、その手がかりとして、よく知られたプラトンの「節制（節度）」についての議論を引いてみましょう。

彼らは一種の放縦のゆえに節度があるのではないか。（中略）素朴な節制というのは、結局そんなふうなものになるのだ。彼らはある快楽を熱望し、それを奪われるのを恐れて、つまりある快楽に支配されて、別の快楽を節している。快楽に支配されていることを放縦と呼んではいるが、実際は、彼らがある快楽を支配しているのは、別の快楽に支配されてのことなのだ。

（プラトン『パイドン』68e-69a）

ここでプラトンの述べた「放縦のゆえに節度がある」とはどのような意味なのでしょうか。

すなわち、人はある快楽に没頭している時は、それ以外の快楽については必然的に節制状態にあり、その場合においてのみまことの節制が成り立ちうるとプラトンは主張するのです。

私達が何かに没頭している時は、それ以外のことには関心をもたないということです。翻って、ストア派的な意味の「アパティア」は、もっぱら理性が感情を支配下に置くという意味での、禁欲的行為として理解されるとすれば、このプラトンの主張とは隔たりがあります。禁欲とは、ひたすら欲望と闘い抑えつけることに拘泥することです。

しかし、このように一方的な禁欲の姿勢によることなく、むしろ何らかの大きな牽引力が働くことによって必然的に節制が実現されるとすれば、階梯者ヨハネにとって、「主に向かって常に前進すること」になるわけですが、その本体は何でしょうか。それはまさしく「主への愛（アガペー）」そのものなのです。

好きなことに熱中していれば他の欲望は収まる

この点について続く最終段の第30講話において明らかにされます。この章は、信仰、希望、愛がテーマとなっていますが、実際には愛がとりわけ強調されています。

階梯者ヨハネにとって、神にあこがれるひたむきな思いのみが邪悪な欲望を退けるちからをもつのです。神へのあこがれを抱くことにおいて、初めて「アパティア」、すなわち自然の禁欲が成り立ちうることを『楽園の梯子』の最終段階において強調しています。つまり、好きなことに熱中している時は、他の欲望は鎮まっているということになります。

斎《ものいみ》は確かに節制ではあるのです。それが神へのあこがれをもってなされねば、単なる禁欲的生活として形骸化してしまいます。それは私達にとって、きわめて危険だということをいつもこころしなければならないということです。

実際に愛以外のどんな他の徳も、霊魂にアパティアを授けることはできない。なぜなら「愛は律法を全うするものであり」（ロマ13：10）、その結果、愛の味わいにおいて「内なる人は日々新たにされていき」（二コリント4：16）、愛の完全性に満ちるからである。

（フォーティケーのディアドコス）

復活祭を控えた大斎《おおものいみ》期間、その生活全般は他の時期より格段に厳しいものでしたが、ひたすら禁欲に努めることではなく、むしろごく自然な節制の日々を過ごしていくことによってこころも研ぎ澄まされ、祈りが深まるとともに安和の日々が流れていく喜びを私は実感することになりました。

修道院では、みな同じリズムで生活しています。祈りも、食事も、労働も、就寝も、寛ぎの時も、巡礼者との交流も。それは毎日同じ流れでした。こころが高ぶることはなく自然の、いわば精神の定流状態が維持されます。ある時期から、不思議に食べることへの執着心が遠のいてしまい、空腹の心地よさに変わっていったようでした。

それは、そこに住まう人達から何気なく伝わってくるもの、共同生活のなかで自然と得られる何かによるのではと思います。

ある修道士は、何かひとつの動作をするたびに、「ドクサ シ オ テオス（主よ光栄は爾《なんじ》に帰す）」ととなえながら行動していたのです。一瞬、一瞬を逃さず神に讃美と感謝を献げる行為を目の当《ま》たりにした時、体が震える思いがしました。

扉を開ける、ものを手にする、運ぶ、渡す、腰掛ける、話し始める、立ちあがる、新たな行動に移る時、その都度そうしていたのです。案内されて、長老のケリをめざしてともに山道を歩き、道端の草木に目をやる時も、やはり同じでした。私も同じようにとなえてみたら、その日本語を教えろと言われて、教えると一所懸命メモをしていました。喜びとともにキリストの復活の生命に与ること、この地上において「アパティア」を獲得したいとする修道士達の祈りに満たされた日々の生活。そのいとなみからもたらされる彼らの喜びそのものが、神によって聖なるものへと引きあげられることの証しなのだと思います。

氷を十字架のかたちに割り入水。正教の新年の儀式

正教会には代表的なお祭りである十二大祭があり、そのひとつに数えられる主の神現祭（テオファニ）があります。これはユリウス暦の1月6日、現在の暦（グレゴリウス暦）では、1月19日にあたります。この日は、ヨルダン川で洗礼者ヨハネがイエス・キリストに洗礼を施したことを祝う日ですので、主の洗礼祭とも言われます。

神現（テオファニ）は、神の現れという意味です。それは、イエス・キリストが、ヨ

ルダン川で洗礼を受けた時、天から父なる神の声が聞こえ、聖霊が鳩のすがたでくだったからで（マタイ伝3：16－17）、この時、三位一体の神のすべてのペルソナ（位格）が、現れたからです。

ロシアの正教徒達の習慣として、極寒のなか、凍結した川や湖、池などの氷を十字架のかたちに割って、十字を切りながら洗礼と同じように水に沈むことが行われます。

この光景は、新年になるとテレビのニュースなどで流されるので、ロシア人は寒中水泳をするのだと受け取られるのですが、正教会の祭日の風景でもあります。

この日、教会の司祭が、聖堂での聖体礼儀を終えると、近くの川や湖に行き、氷に穴をあけて十字架を沈めて、水を成聖します。それを聖水としてボトルに汲んで家にもち帰ります。その時に、信徒達も、主の洗礼に倣《なら》って、三度水に沈むことが行われてきました。

ロシアは極寒ですが、ギリシャではだいぶ寒さが違います。多くの人が港に集まりますが、少しばかり光景が違います。

聖体礼儀を終えて岸壁に出てきた主教や司祭が、祈禱文をとなえて、十字架を海に沈めて水を成聖するくだりになると、十字架を海に投げ入れます。船に乗った主教や司祭が、湾内の中央に出て、そこから十字架を海に投げ入れることもあります。

投げ入れると同時に、岸壁で今か今かと待機していた男達が、争って海に飛び込み、彼方に浮かんでいる木製の十字架めがけて泳ぎ、そのうちの一人が拾い上げます。

ところで、泳ぎ手が見つからない場合はどうするか。私の体験からひとつ。主教や司祭は、その時は、十字架に長い紐《ひも》を結んで海に投げ入れ、回収するという方法で無事終えたのでした。

泳ぎ着いて取り上げた人は、その年、健康など、神の恵みが約束されると言われています。これはギリシャの新年の風景となっていますが、ロシアの寒中水泳に比して、日本での報道はほとんど見ることはありませんので、知られていません。

洗礼式はどのように行われるのか

ギリシャでは赤ちゃんが生まれると、おおむね1年以内に教会で洗礼を受けますので、そのほとんどが幼児洗礼です。町の聖堂では、洗礼式には、親族や隣近所の人が集まり、赤ちゃんの泣き声が響き渡る時もあり、神父もその声に負けまいと大声で祈禱文を読みあげる活気に満ちた光景が展開します。

幼児洗礼には他教派では、議論があるようです。私は50代になってから受洗しましたので、とりわけ思うのですが、幼児洗礼の人は羨ましいです。生まれてすぐに、ご両親の厚い信仰のもとで、ただしい道を歩むように、道が敷かれていたのですから。

洗礼式では両親は出番がありません。傍らに立って静かに式の進むのを見守るばかりです。代わって多くの役割を果たすのは、代父、代母と呼ばれる後見人です。親戚や友人達が務めます。成人の洗礼の場合でも、歳下の男女が代父母になることもあります。

現在では、ほぼ洗礼式の時だけの役割になっていますが、かつては生活全般の相談相手になったり、父母とは異なった立場で教会のことを教えたりする役割を担ってきました。

代父、代母は赤ちゃんを抱いて洗礼式に立ち会い、水に浸かって大泣きする赤ちゃんを受け取ったり、体を拭って洗礼着を着せたり、あやしたり、祈禱文を代わりに読み上げたり、30〜40分かかる式の進みにつれてあれこれ動き回ります。

無事終了して写真撮影、参列者には甘い赤ワインが、冬はお燗《かん》をしてふるまわれて体が芯から温まり、ともども喜びを分かち合うひとときを味わったこともありました。

洗礼（バプテスマ）の語源は動詞バプティゾー（ギリシャ語）、意味は「沈める」です。体を水に完全に沈めることを本来は意味しています。しかし、現在は聖堂内の水盤で体の一部を水に浸けて、水を頭に注ぎます。

洗礼を行う前に、ご両親に確認します。赤ちゃんの全身を水に浸けるのか、下半身だけなのか。多くは、腰までにして、と答えるのですが、全身沈めて、とあえて希望するご両親もありますので、緊張します。

洗礼式では、三度浸水する必要があるので、最初に赤ちゃんの全身を沈めた時はびっくりして、まだ静かなのですが、二度目、三度目になると、火のついたように泣き声をあげます。その時、素早く受け取り、あやすのが代母で、水に沈んだ赤ちゃんを助けあげる大切な役割なのです。

洗礼は、湖、川、海などでも行いますので、大人は水中に身を完全に沈ませることもできます。アトスの修道院で行われる洗礼式は、ほとんどが成人なので、海で行われます。早朝、修道士や巡礼者達が港に下りてきて洗礼式を見守ります。

洗礼は、悪魔と決別し、旧《ふる》い自分を葬り、キリストに倣《なら》って生きる新しい生命を聖霊のちからによって創出する出来事です。旧い自分は一旦水に沈んで死にますが、再び浮かびあがって新しい生命に相応しい新しい名前をいただきます。それが聖名（洗礼名）です。聖名はこの世と天国、すなわち神の一なる世界に共通する、かつ永遠に通用する名前なのです。

この聖名を選ぶ役割は代父母が担ってきました。ギリシャの慣習では、祖父、祖母の聖名をそのままいただくことも多くあります。男子ではイオアンニス（ヤニス）、ディミトリオス、ゲオルギオス（ヨルゴス）、女性はマリア、エレニ、アナスタシアなどの聖人の名前が多いのが特徴です。

聖人には、記憶日があります。多くは永眠した日、殉教した日です。その聖人の記憶日を聖名日、ネーム・デーとして、本人の誕生日とは違った意味で、盛大に祝います。友人達は「聖名日おめでとう」と声をかけます。正教国でしか体験できない出来事です。

さて、洗礼式ではどのようなことが行われるでしょうか。実はその基本的な意味と、洗礼式の次第の詳細はあまり知られていません。

伝統的に行われてきたものが、次第に簡素化され、省略された祈りもあることと、当事者となる以外は体験的に知る機会が少ないからでしょうか。

正教会では奉神礼全般、洗礼式、婚配式（結婚式）についても、その原型に忠実なまま現在に至っています。

洗礼式は悪魔払いをしてから行われる

洗礼式を行う前に「悪魔との決別」を宣言し、神に向かう姿勢を確保する「啓蒙式」という祈りが行われます。いわゆる悪魔払いです。

洗礼志願者は「啓蒙者（学びを進めてきた者）」と呼ばれ、アトスではすべての衣服を脱ぎ、白い布でつくった洗礼着のみを身に着けて素足になり、港に下りてきます（赤ちゃんの場合は、普段着で臨み、水に沈む時に裸になり、受洗し洗礼着を着けます）。

まず神のいる「東の方向」に向かって立ちます。司祭は聖号を画して（指でイエス・キリストの頭文字をかたちづくる）3回おでこに触れて、これから神の助けをかりて悪魔と決別し、神に向かう姿勢をもつための、少し長めの祈禱文を四つ読みあげます。代父、代母は啓蒙式から立ち会います。アトスは女人禁制なので男性の立会人のみでした。

次に、啓蒙者は体を翻して「西の方向」を悪魔にみたてて立ちます。その時両手のひらを開き、腕は伸ばして悪魔を遮る姿勢をとり、神父との問答にはいります。

そのくだりは次のとおりです。

司祭は

「あなたは悪魔及び、そのすべての仕業、そのすべての服従、そのすべての誘いを斥《しりぞ》けますか」

と問います。

啓蒙者は

「斥けます」

と答えます。

そして、念を押すように、

司祭は

「あなたは悪魔及び、そのすべての仕業、そのすべての服従、そのすべての誘いを（すでに）斥けましたか」
と問います。
啓蒙者は
「斥けました」
と完了態で答えます。
さらに、悪魔との決別を示すために、
司祭は
「悪魔に息を吹きかけ、唾を吐きなさい」
と命じます。
啓蒙者は、「ぷっ、ぷっ、ぷっ」と3回息を吹きかけてから、唾を吐く真似をします。
そして、体を翻して、神のいる「東の方向」を向いて宣言します。
司祭は
「キリストと配合しますか」
と問います。

この「配合する」というギリシャ語は、「組する」「同盟する」という意味になります。

啓蒙者は
「配合します」

と答えます。

また、ここで念を押すように、

「キリストと配合しましたか」

と問います。

啓蒙者は
「キリストと配合しました」

と完了態で答えます。

さらに、

「キリストを信じますか」

と問います。

啓蒙者は

「キリストを王であり、神であると信じます」と答えて「信仰宣言」をとなえます。これは、ニカイア・コンスタンティノポリス信条と呼ばれるものです。啓蒙者はこれを暗記してとなえることが原則になっています。乳幼児の場合は、代父母が代わってとなえます。

そして、最後に神に向かい地にひれ伏して、啓蒙礼儀を終えます。これで、悪魔との決別を果たし、初めて洗礼式に臨む準備ができたことになります。このようなやりとりを重ねて、次第に神に向けた生き方をしていくという決意が実感されていきますので、大切な瞬間です。

第8章 聖地巡礼とは何か

巡礼とは精神の充電作業

聖地巡礼は、巡礼者がしばし日常生活を離れ、霊的な糧を得るために行われますので、まさに充電です。

アトスの修道院に巡礼を始めて間もないころでした。ある修道院に着くとギリシャ人の巡礼者十数人とともに大きな部屋に通されて、パンフレットをもらって、「狭き門」そして「十字架を背負うこと」という題で、長老から神の国への道（クリスチャンとしての生活のありかた）について話を聞きました。

そして晩課の祈りののち食事をして晩堂課（食後の祈り）を終えてから、悔い改め、すなわち痛悔機密（罪の告白の祈り）をします。

次の図は、その時巡礼者に配られたものです。

「二つの道」というタイトルが右上にあります。手前左の狭い門の前に十字架を背負った人が一人、右手の広い門には多くの人々がいます。

クリスチャンとして歩む道はどちらかということを、まず端的に教えています。

狭い門からはいれ。滅びにいたる門は大きく、その道は広い。そして、そこからはいって行く者が多い。命にいたる門は狭く、その道は細い。そして、それを見いだす者が少ない。

（マタイ伝7：13−14）

二つの道

ここでは、次のような警句が『砂漠の師父の言葉』から引用されました。聖書は奉神礼において誦読（朗読）されますが、その内容は知識として得るものだけではなく、常にその実践の仕方が修道生活では大切であることが強調されます。

師父アンモナスは、「狭くて細い道（マタイ伝七・一四）とは何ですか」と尋ねられた。彼は答えた。「狭くて細い道とは、自分の想念を抑え、神ゆえに自らのさまざまな意志を打つことである」そしてそれは、「見よ、私はすべてを捨てて、あなたに従いました」(マタイ伝一九・二七)ということでもある。

(『砂漠の師父の言葉』アンモナス11)

左手の大きな十字架を背負った人は、身を屈めて難儀なすがたで狭い門をくぐろうとしています。こちらはただしい道です。

門の上には、「門は狭く、道は入り組み、その道は(永遠の)生命へと通じている」と、聖書の言葉があります。「永遠の生命」とはクリスチャンがめざす天国、すなわち神の国のことです。

足元には、聖書の「十字架を背負わずキリストに出会うことはない」という言葉があります。

右に目を移すと、町の建物群が端に描かれ、その喧噪《けんそう》も伝わってくるような広い門を、多くの人々が勇んでくぐっていきます。こちらは誤った道です。

こちらの門の上には、「門は大きく開け、道は広々としている。その道は破滅へと通じている」と記されています。クリスチャンとしてはあえてくぐってはいけない門を示しています。

彼らの背中には、自分を省みることなく欲望のおもむくままに生きる人々、ヌーディスト、エゴイスト、大酒飲み、嘘《うそ》つき、姦通《かんつう》者、不信心者、不敬者、欲張り者、黒衣を着た司祭の背中には、偽善者と記されていて、みなその銘に相応しいいでたちをして歓楽に満ちた町をめざしています。

そして、誤った道である広い門をくぐった人達を待ち受け、人々を誘うかのように、どす黒い悪魔が白い石段に座って音曲を奏でています。誘われた人達は、周囲の黒々とした地獄の兆しには一向に気付かず、その白い石段を高みへと昇っていきます。

果ては、空しい喜びもつかの間、次の瞬間には奈落の底へ落ちて、大きな口を開けたレヴィアタン（怪物）に呑み込まれています。それは、悪魔に誘われた人達の行く末を描いているのです。

迷ったら難儀で狭いほうを選べ

再び、左の狭い門を十字架を背負ってくぐる人に目を移すと、クリスチャンとしてのただしい道行きが示されています。つづら折りの坂道を登る3人のすがたがあります。司祭が先頭を歩いていますが、まさしく霊的指導者として描かれています。

ここで、「十字架を背負うこと」についての、説教になりました。

これは「それからイエスは弟子たちに言われた、だれでもわたしについてきたいと思うなら、自分を捨て、自分の十字架を負うて、わたしに従ってきなさい。自分の命を救おうと思う者はそれを失い、わたしのために自分の命を失う者は、それを見いだすであろう」（マタイ伝16：24－25）によります。

「十字架を背負う」とは「すべてを神に委ねて生きること」、すなわち「自分にとって難しいことにあえて挑んで立ち向かうこと」だと端的に語られました。すべてのクリスチャンの課題です。

さて、再び図に目を移してみると、伏し目がちになる道行きの彼方、十字架を背負って行き着く高みに立って、ふと顔をあげて見ると、燦然《さんぜん》と輝く主イエス・キリストが見えます。その光輪には、希望、光（神のこと）、祈り、禁欲、けがれなさ、悔い改め、真理、忍耐、（永遠の）生命、信ずること、愛、謙遜、節制、正義、施し、寛容、温和と、私達が日々の生活のなかで、神の助けを得てめざすべき徳目が記されています。

その日、夕方の祈りを終えて食事をしたあとに行う、痛悔（罪の告白）の祈りをする時までの課題が巡礼者達に与えられます。あとは、一人一人自分の罪を振り返って自分の思いをしっかり整理して、悔い改める姿勢を定めて、痛悔の時を待ちます。修道院巡礼の第一日が始まったと巡礼者がこころを引き締めねばならない時です。

修道院を訪れる巡礼者達は、そのすべてではありませんが、聖堂での奉神礼に参禱するとともに、司祭に悔い改めのための告白をし、神による罪の赦しを請います。

そこで行われるのが痛悔という機密（秘跡）です。巡礼者を迎える修道士は、巡礼者がここで何をすべきか、こころ構えをしっかりもつよう促します。

巡礼者達は、このオリエンテーションのあと、暮れの祈りと食事、そして最も大切な痛悔のために、こころ構えを固め、自己を振り返る時を過ごします。

罪を告白する痛悔とは

ここでクリスチャンとしての生き方と、罪について振り返ってから、もうひとつの図に目を移します。中央部のタイトルは「聖なる、浄き告白」とあります。

これは正教徒が神の前で自己の罪を告白し、神から赦しをいただく痛悔（メタノイア＝悔い改め）の機密の図です。痛悔機密は聖堂の王門前や、至聖所内で行われます。正教会では痛悔機密は、傷病者などの場合を除いて、聖堂内の他の信者にも見える場所で神に向けて行われます。

私達の神へ向けての前進は、罪を告白することに始まります。いわゆる告解（エクソモロギシス、告白）です。信徒が希望すればいつでも行われます。重要な点は直接神から赦しを受ける祈りであるということです。

アトスを訪れる巡礼者達のすべてではありませんが、親しい長老修道士がいて、痛悔して、指導を受ける人もいます。そのために、何度も通い続ける巡礼者もいます。

ある時、私は、日本から託された書類などを渡すため、ある長老と面会をする約束があり、案内された修道小屋には、すでに10人以上の巡礼者が前堂の椅子で静かに順番を待っていました。一人1時間かかるとすると夕暮れになってしまうこともわかっているのですが、みな静かに本を読んだりして待っていました。

痛悔は、神父を立会人として罪を告白し、主、神から罪の赦しを受ける機密です。罪を赦す権能は、主、神のみに属します。主は、この権限を代行する（伝える）ちからを聖使徒達に与えました。聖使徒達は按手（頭に手を置いて祈り、使徒継承の権能を授ける機密）により主教や神父に伝えました。

痛悔の図

「免罪符」は正教では存在しない

それゆえ、神父は、主の代理者として、告白された罪を赦す責務があるのですが、その最終的権限は正教会の神父にはありません。人の罪を赦すことができるのは、神のみだからです。付け加えれば、正教会の神父には、神に属する権能は一切委譲されていません。他教派では認容されていた「免罪符」を正教会の神父が発行することはありえません。

よく言っておく。あなたがたが地上でつなぐことは、天でも皆つながれ、あなたがたが地上で解くことは、天でもみな解かれるであろう。（マタイ伝18：18）

善悪の区別がつくようになったすべての正教徒（日本正教会では学齢以上）は痛悔を受けます。ただし、痛悔は誰からも強制されるものではなく、確固たる自らの意志で行うものでもあります。司祭は、いかなる理由があろうとも、痛悔機密において信徒から告白された内容を他人に話すことは許されません。

痛悔機密においては、信徒に罪を犯したことを自ら思い起こさせ、また気が付くよう促すことがあります。司祭は告白の内容について反省へと導くために、一般的な事柄を尋ね、決して非難し、ないがしろにすることがあってはなりません。

神による憐れみの機密

痛悔者の過失（罪）が、あからさまに強調されることなく、痛悔者に神の赦しと、神の安和がもたらされるよう、ただしく導くように努め、痛悔者が希望を抱いてその場をあとにしなければならないのです。それゆえ、痛悔は「神の憐れみの機密」と呼ばれます。

キリストに従った修行者は、たとえ善行を行ったあとでも、未だ大きな罪を犯していて気付かなかったことを思い、神の前にさらなる悔い改めの涙を流して、罪の赦しを請うもの、それが痛悔です。このように霊的生活の目的は「自己の罪悪、欲《よく》を見ること、知ること」であり、それは神の恵みのちからをかりて、初めてできることです。救いを得るには、神であるとともに人であったキリストに倣《なら》うことが必要です。

わたしは道であり、真理であり、命である。わたしを通らなければ、だれも父のみもとに行くことができない。

（ヨハネ伝14：6）

とはこのことをさしています。しかし

その道は細く、見いだす者は少ない。

（マタイ伝7：14）

神であり人であるキリストは、人々の救い主の首《かしら》であり、神の子としてのキリストの受肉（正教会では「藉身《せきしん》」）こそが、私達の人格的完成へのいとなみの原点となっています。従って、神であり、人としてこの世にくだったキリストによらずに救いはありえず、私達の神化への道もありません。

正教徒のめざすものは、神の存在について思弁的に理解したりすることではなく、以上のように、人格的完成に向けて日々の生活を積みあげ、天国を受け継ぐこと、すなわち、天国で永遠の生命に与ることです。

それでは、痛悔はどのように行われるのでしょうか。ここでは、具体的な内容がある場合は、私達自身の告白がもとになっています。

私達が痛悔をする前提ですが、私達が犯す罪については、神に向けて告白して、初めて赦されます。自らの意志によって告白しなければ、罪は赦されません。自覚し、告白しなければ、赦されないどころか、それはさらに大きくなっていきます。

祈りによって、私達の願いを神に伝えること、私達が、神に救いを求めることが必要です。痛悔は祈りです。逆に痛悔のこころがなければ祈りにはなりません。罪によって失ったものを求めて、かつて輝かしいものとして与えられたはずの神の像を、回復するために私達は祈ります。

修道院においては、痛悔機密はおおむね、晩課、夕食のあと、晩堂課が終わってから聖堂で行われます。と言っても大きな主聖堂ではなく、ラヴラ修道院内に20箇所以上もある小聖堂で行われていました。痛悔を行う司祭が決められている場合もありますので、その司祭の居室に隣接した小聖堂、それも至聖所内の宝座の横で行われます。まず宝座にひざまずき接吻をしてから告白を始めます。

私は、アトス滞在中はラヴラ修道院の聖ククゼリス聖堂に堂役および聖歌者として所属し、M神父に痛悔していました。夕食後の晩堂課を主聖堂で終えたあと、聖堂で行われる生神女のパラクリシス（マリアへのとりなしの祈り）の誦経と歌誦を終えてからした。司祭になってからは毎日司禱（司祭として祈ること）していました。その聖堂には他に司祭、輔祭が一人ずつ、修道士が数人所属していて、いっしょに聖歌を歌い、痛悔をしていました。

罪は二つに分類できる

痛悔をするにあたっては、まず自らの行いを振り返りその日の生活の流れを整理します。主に労働を担った時、他者とかかわることが多かった時、依頼を受けて対応をしたこと、などを思い起こし、晩課の始まる前までに、自室でその日の生活を振り返って整理しておきます。その時に罪の分類をしてみますと、大きく次の二つに分かれます。「神への罪」「隣人や自分自身への罪」。痛悔ではこのどれにあたるのか整理しておく必要があります。

そして、その罪は自分が選んだ「行為」そのものにおいてなのか、その時々に自分に向けられてくる様々な事柄に反応した「思い」や「言葉」においてなのかです。これらは、ごくごく基本的なこととして、痛悔機密に臨む前提になっています。

そして、痛悔をする大前提としては、キリストの救いを信じて、隣人に対して犯した罪を整理して告白し、神に赦しを請うこと、かつ自らも隣人の犯した罪を赦すことが必要です。また、自らの犯した罪を再び繰り返さないことと、犯した罪が他の罪へと波及することを防ぐことです。そのためには犯した罪、複数の罪の場合はそれらの根源となるものを洗い出してこころから悔い改めることが必要になります。

ところで、169ページの図を見ていただきますと、司祭を前にして、痛悔をする男の背後で悪魔が唆《そそのか》す様が描かれています。そこには「聖なる、浄き告白（であれ）」と書いてあります。痛悔は司祭に対して行うものではありませんが、司祭にどう思われるかは、誰でも考えないことはありません。

この時の悪魔こそ「よい痛悔をしたい」というこころです。巧みな弁舌の言葉（痛悔者が口から吐いている蛇）は、自己を偽るものであり、その時点で神に向けたものではなくなり、加えて悪魔の誘惑によるものであることに気付かないことを戒めています。

最大の罪は「希望を失うこと」

ところで、罪の分類を教会では伝統的に以下のようにしてきました。すなわち、痛悔機密において意識すべき根源的な罪は以下の七つです。

七つの大罪（Επτά θανάσιμα αμαρτήματα、Seven deadly sins）と言われています。これらの罪は日常生活における罪を分類するものですが、たとえば、「希望を失うこと」「懈怠《かいたい》（アケーディア）」、すなわちこころの萎えることを、甚大な「罪」としてとらえています。

1）驕傲《きょうごう》、傲慢、高慢、Αλαζονεία, pride
傲《おご》り高ぶること。

2）怠惰《たいだ》、堕落、Οκνηρία, sloth
怠けること。

3）饕餮《とうてつ》、暴食、大食、Λαιμαργία, gluttony

金銭や飲食を貪ること。

4）姦淫《かんいん》、色欲、肉欲、Λαγνεία, lust
邪《よこしま》なこと、淫《みだ》らなこと。

5）貪吝《たんりん》、強欲、貪欲、Απληστία, greed
貪欲に貪り取って、それを出し惜しむこと。

6）忿怒《ふんぬ》、憤怒、激情、Οργή, wrath
激しく怒ること、腹を立てること。

7）嫉妬《しっと》、羨望、Ζηλοφθονία, envy
他人を妬み、嫉《そね》むこと。

言葉は難しいですが、誰でも理解できる体験でもあります。たとえば、祈りの減退、何かを信じられない思い、無気力なこころ、無為に時を送る生活、今の居場所や周囲の人間に飽きること、自分を誤魔化す妄想的な思い、他者を羨むこころ、何も始めたくない、何も完成できない、それらの複合による押しつぶされそうな無力感などです。

これは4世紀のエジプトの修道士エヴァグリオス・ポンティコスの『修行論』が起源となっています。のちに西方教会でもとり入れられ罪の分類基準となったものです。これらが、日本正教会の刊行書で用いられている訳語です。

ところで、私達が用いる「言葉」というものは素晴らしいものですが、注意が必要なものでもあります。私の見える世界を括《くく》り生の体験を区別するはたらきをもちますが、反対に既存の言葉が自己や世界を、その枠組みへと閉じ込めて、己の真実を覆い隠す原因ともなり、それに気付く機会を奪ってしまう恐れすらあります。

空しいものを見ないように、あなたの目をそらせよ（詩篇118：37）。というのも、気ままな自由は魂を殺すからだ。
（『砂漠の師父の言葉』ポイメン172）

だから、あくまでもカオスの世界を括る言葉には気を付けねばなりませんが、やはり、言葉に頼らねば私達は先に進みません。修道士達は、言葉を注意深く用いて生活を進めます。修道士達は自分の吐く言葉に慎重になる時があります。寡黙は修道生活のなかで避難所のようです。日常では、普通の人ですが、ひとたび祈りや痛悔の現場に直面すると、沈黙を優先し、言葉を慎重に選んで投げかけてくる姿勢にハッとします。

偽善者とは、まだ自分が達していないことを、隣人に教える者のことである。

（『砂漠の師父の言葉』ポイメン117）

そこで、言葉の危うさを回避するためには、赤子のようなこころに戻って、たとえたどたどしい言葉であっても己の真《ま》っ新《さら》なこころを素直に告白できること、それが痛悔の前提となります。また言葉はこころを容易に分裂させるもとにもなります。「二心（表裏のあるこころ）を棄てよ」という教訓は、奉神礼の祈禱書でも繰り返され、師父が指摘するまでもないことです。

痛悔を一里塚とし、祈りと、斎《ものいみ》の生活をいわば仕事として、天国で永遠の生命に与るためのいとなみが、修道生活のすべてと言ってよいと思います。ということは、労働、食事、休息、眠りなど、その生活のすべてが祈りの時であることになります。

さて、漠然と「罪」と言ってもなかなか自分ではとらえがたいものです。そうかと言って、誰かに相談できることでもなし、クリスチャンにとって痛悔だけは、お互いにどのようにしているか、知りえないものです。

私の場合、長老の指導はかなり具体的に行われました。まず、総体的に私達が前向きに生きる姿勢、すなわち希望を失っていることを罪と定めることができます。罪を犯す内的な要因とは何かを直視することが大切です。自分がその内的な要因を覆い隠して、末端の行動結果のみを痛悔していないか、本当はこころの奥底に大きな問題があるはずなのに、それに向き合わずに、あえて抑圧していないかが問われます。

外的な行為を罪として取りあげるよりも、その行為に至った要因を直視する、そのためには自分にしっかりと向き合うことです。そしてより本質的な罪を思い起こして、そこから悔い改めること、再びその罪を犯さないこと、他の罪に波及しないように注意すること、主神の救いのちからを恃《たの》み、すべてを主神に委ねて喜んでいられることをめざします。

たとえば、その途上において、迷いや不安の思いに駆られた時は、それ自体、すべてを神に委ねていないことにもなりますので、それも悔い改めねばならぬ罪となりますから、しっかりとそのことも痛悔します。

心に潜んでいることを話すように、あなたの口に教えなさい。

（『砂漠の師父の言葉』ポイメン164）

痛悔とは、結果としてどのような罪を、どれだけ犯したかを並べ立てることではなく、自らのうちの、どのような思いが、罪を犯すことにつながったか、「心に潜んでいる」根源に目を向けるいとなみなのです。

第9章　祈りとは何か

修道士の祈り方は、普通の人とどう違うのか

修道士達はなぜ祈るのでしょうか。修道院ではどのように祈っているのでしょうか。私達は、「祈り」あるいは「祈る」という言葉を、日常でも使うことがあります。ここでは、修道士達にとって、キリスト教徒にとって、祈りとはどのようなものなのか、修道院での体験からまとめてみたいと思います。

しかし、修道士達が、実際どう祈っているかを知ることはできません。私は、教会の暦に基づく奉神礼に参禱する生活が完璧に行われる現場に立ち、自分の祈りを見つけていきたいと思いアトスに通いました。

ここには、そこで感じ取ったことがあるだけです。そこで長老から受けた示唆をもとにした私自身の祈りの体験です。長老を通じて、私の見てきたものをまとめました。

すべてのクリスチャンがめざすものは、「神の国、天国で永遠の生命をいただいてそこに住まうこと」です。修道士達は、そのために一生をかけて歩んでいます。

日々の生活は、すでに述べたように、神の像に相応しい生活をめざすこと、神に相応

しい自己を取り戻す生活がすべてです。そのためには、主イエス・キリストの復活の生命に与る必要があります。

私達はキリストを通らずに天国へ行くことはできません。すなわち主の教えに従って、日常生活において生じる様々な罪、過ちを悔い改めて、痛悔の日々を神との協働のもとで歩むことが必要になります。

主イエス・キリストの復活の生命に与ることは、修道院の生活のなかでも、町に住む信徒達も、主の「聖なる体血」をいただくこと、領聖することに違いはありません。聖体礼儀に参禱し、聖なる体と血に変化したパンと葡萄酒、すなわちご聖体をいただくことです。そして領聖するために必要な準備をすることです。

神に相応しい生活をめざし、努力を重ねるには、自らの犯した罪に向き合い、まことに悔い改め、神のちからを恃み、よりよき自己へと向上していくことが必要です。修道士達は、こうしたいとなみを休むことなく続けて行くのです。

そうして天国へ向けた道を歩むのですが、神に相応しい自己へと向上していくためには、神のちからを恃みます。祈りはそのような時に、おのずから生じてきて、神に向けられるものです。

罪を犯した時の祈り方とは

私達は神に相応しくない行い、過ちを犯すこと、すなわち罪を犯すことがあります。罪は、神からこの世の生命を授かった時、神の像である自由意志を授かったのですが、それを誤った方向に向けたことによります。もともと授かっていた善きものから、遠ざかって行ったのですから、それを再び取り戻したいと思う時に、神に向けた自然のいとなみが祈りです。

祈りは、神の讃美、神への感謝、罪の告白、神への祈願などのことです。そのうちの祈願の祈りで求めるのは、罪の赦しただひとつになるはずです。仮に、他にも神に祈願したいことがあったとしても、罪の赦しに先んじる祈願はありません。それで充分なはずです。

すなわち、罪が赦されれば、永遠の生命に与ることができるからです。それは、すべての私達の祈願を包含します。たゆまず自己の罪を悔い改めようとする謙遜なこころが、祈りを祈りたらしめ、すべての祈願の祈りを包含します。何か特定の知恵を得ればいいというわけでもありません。しかし、知恵が必要でないわけでもありません。もてる知恵を彩るための祈りがあってこそ知恵が生きてきます。

しかし、人はその都度罪を赦されたうえで、また極力注意深く罪を犯さぬように努めても、徳を高めていたとしても、自分自身を罪人と思って（知らずに犯している罪をも視野に入れて）、神に祈ることがなければ、神に受け容れられることもないし、祈る意味もなくなってしまいます。

それにしても、いくら祈ったとて、神が手を差し伸べて救ってくださるという希望がなければ空しいものですが、神は大きな憐れみをもって、私達を救ってくれるという事実を示されました。そこで、祈りの生活を始めるにあたって、最も大切なこと、その前提となることはひとつです。

凡そ祈禱の時に求むる所は、之を得んと信ぜよ、然らば爾等に成らん（なんでも祈り求めることは、すでにかなえられたと信じなさい。そうすれば、そのとおりになるであろう）。

（『小祈禱書』日本ハリストス正教会刊）

1日の祈りの出発点にある奉神礼晩課の祈りを例にあげて、楽園を追放されたアダムになぞらえて、その境涯を思い起こしてみましょう。悲壮な神への呼びかけに応えて、神は大いなる憐れみをもって、自ら受肉し、キリストとなってこの世にくだり、私達罪人の身を救うために、神の子として生贄《いけにえ》になって、自らを神・父に献げたという事実が聖書によって明らかになっています。

キリストは十字架に架けられ、一度地獄に落ちたけれど、3日目に復活して、死者の国から蘇ったこと、つまり、一度キリストは死んで、死そのものを滅ぼして人々の間に現れたことが、聖書に伝えられています。

キリスト教の最大のお祭りはクリスマス・降誕祭と理解されることがありますが、伝統的には、特に正教会では復活祭が最大のお祭りです。クリスマスは、成立が3世紀以降で、ローマ時代の太陽神信仰になぞらえて宣教のために新設されたものです。次第に西方教会では復活祭の影が薄れていきますが、東方正教会では伝統に忠実なままで現在に至っています。

復活祭は、キリストが十字架に架けられて、一度地獄に落ちたけれど、3日目に復活したことを祝います。一度死んで、生き返ったのですから、「死」というものを乗り越えたことになります。

正教会では、このことを「死を亡《な》きものにした（死を滅ぼした）」とし、その結果、私達は天国で永遠の生命を得ることができるようになったと信じています。これが、伝統的なキリスト教の「死」に対する考え方です。キリスト教のルーツとなる死生観がそこにあります。同時に正教徒としてのアイデンティティはその一点に集約されると考えてよいのです。

正教会ではこのことを、「死をもって、死を滅ぼした」、すなわち死を受け容れたけれど、地獄で死を亡きものにして、やがて天国で私達は永遠の生命をいただいて蘇ると信じるのです。

復活祭の日、世界中の東方正教徒は、

「キリストは死より復活し、死をもって、死を滅ぼし、墓にあるものに生命を賜えり」

と復活の讃詞（トロパリ）を歌います。私達もキリストと同じく、確かに一度死を受け容れます。私達は死者と言わず永眠者と呼びます。永眠者は、やがて眠りから覚めて天国で永遠の生命をいただいて、輝かしい肉体をいただいて蘇ると固く信じています。

キリストの復活こそが、私達の信仰の原点です。このことを信ずることができるからこそ、私達はやがて永眠しますが、しばし時を経て天国へと迎えられると確信しています。それまでに天国に相応しい自己を整えたい、だから痛悔と祈りがそこにあります。

すでに触れたように、そうした祈りは一本気でなくてはなりません。私の祈ることが、神に届くだろうか、果ては、祈っても意味があるだろうか、などと迷いのこころをもった時には、すでに祈りは成り立っていません。

すなわち、自らが罪深き存在であること、天国での永遠の生命をめざしていること、そして神は大いなる慈悲によって救いの手を差し伸べ、その祈りを聞き、天国への道を開いてくれたことにあります。

そして、そのことは事実であるという強い確信に満たされ、自らの一生を神に献げる道を選び、さらにすべての人々のために、祈りを献げることを仕事としているのが修道士達です。

修道士は、主キリストに倣《なら》って、やがて天国で永遠の生命をいただいて生きるという、あるべきすがたの実現をめざし、そこに到達できるということを、明らかな事実として、ゆらぐことなく確信している存在なのです。

あなたのために祈っていました、という言葉

そして、修道士達は、その祈りを他者のためにも献げ続けています。特に修道士達は「絶えず祈りなさい」という聖書の言葉を重く受けとめ、それを実現したいと思い続ける存在です。しかし、それには他者への祈りが必要になります。

たとえば、私達が眠っている時には、神に祈ることは不可能です。その時、誰かが私達のために祈っていてくれれば、それで祈りは途絶えません。それゆえ、修道士は出会った時「私はあなたのために祈っていました」、別れを告げる時「私はあなたのために

祈っています」と伝えます。

ある時は、パン焼きの仕事をする修道士と大いに親しくなりました。彼は明日の聖体礼儀で生者と死者の記憶をする（～のために祈る）と言って、家族や友人の聖名をここに書いてくれとメモ用紙を渡してくれました。

生者、死者とも思い浮かぶだけあげました。若干のユーロ紙幣とともにメモにして彼に託しました。そして、彼はいつも私のことを記憶してくれると約束してくれたのです。翌年、彼と再会した時、彼は「あなたのために祈っていた」と、さりげなく私に告げました。

その時、あらためて師父の言葉の次のようなくだりが頭をかすめました。

絶えず祈ることを実践すると主張する修道者に対して、「それでは、そなたたちは食事をしないのか」、彼らは「します」と答えた。彼は言った。「それではそなたたちが食事をしているときは、誰がそなたたちのことを祈るのか」そしてさらに長老は言った。「そなたたちは眠らないのか」彼らは、「いいえ、眠ります」と答えると、長老は尋ねた。「では、そなたたちが眠っているとき、誰がそなたたちのために祈るのか」彼らはそれに対する答えを見出せなかった。（中略）「私は仕事と祈りで一日を過ごしたとき、十六ヌミア分だけを稼ぎ、その中の二ヌミアを扉のところに置いて、残った金で糧を得る。そして、この二ヌミアを受け取る者は、私が食事をしたり眠ったりしているとき、私のために祈ってくれる。こうして、神の恵みによって、私は、絶えず祈れという掟を実行しているのだ」（『砂漠の師父の言葉』ルキオス）

修道士は自分の知りうる隣人のすべてが、神の国に迎えられるよう祈ってきたし、祈っているし、祈り続けていることを確認しました。

また修道士達は、聖書を奉神礼において誦読（朗読）します。旧約聖書の聖詠（詩篇）全編を1週間で、その他に創世記、各預言書、箴言《しんげん》など、黙示録を除く新約聖書全編、そしてギリシャ教父の著作が読まれます。それら聖書の言葉の実践につながる示唆を具体的に得るものなのです。聖書の内容は知識として得るだけではなく、常にその実践が視野にはいります。

アトスを訪れて、修道士達とともに生活した体験から、この『砂漠の師父の言葉』(「アポフテグマタ・パトルム(=師父の警句集)」)が生きたものとなりました。この書は、聖書の言葉をどのように実践したらよいか、その時々の状況に応じた短い警句のかたちで示され、霊的成長のレベルにも応じた有効な示唆に満ちています。ただ読み進んで知識を得られるものではなく、修道生活のなかでこそ、その真の意味が感得できる言葉に満ちています。

それゆえ、この書に盛り込まれている事柄を、いくつも体験し、その体験をきっかけにして、そこに語られていることの真の意味を突然にして悟る瞬間が訪れることがある驚きの書です。

修道士達は自分のための修道生活だけではなく、正教のこころを伝えることにも積極的です。俗な表現をすれば、真の意味での「発信」の意識が高いということになります。宣教は、神の言葉を知る私達が、その神の言葉をこの世界に投げ込むことによって、既存の言葉を凌駕《りようが》し、神の言葉が新たな枠組みとして生きていくように動くことです。

修道院は図書室を備え、古い写本やイコンも収蔵されていますが、修道院によっては、最新のキリスト教研究書なども丁寧に集められた図書室を完備していました。出版編集のオフィスがあり、インターネットももちろん活用し、独自の出版物も数多くあります。修道士達には、アトスの修道院は正教文化の発信基地でもある、という意識が高いのです。

神の言葉に導かれて、人が教会に集まってくるのは、教会に愛が満ちているからであって、宣教の原点はそこにあります。

日本文化は正教を受け容れられるか

アトスへの日本人の来訪は稀です。日本の正教会や正教徒の生活のことをよく聞かれます。「どうやって日本人に正教のこころを理解してもらうのか」という質問が向けられます。「日本人、日本の文化は正教の生活を受け容れるに適しているのか？」と聞かれて答えを求められることもありました。その時は、そのような問いにしっかりと答えられるようになりたいと思うばかりでした。

修道士達はアトスにあって、自らのもてる技能を生かしながら、様々な仕事を見つけて独自の生き方を見いだし生活をしている点で一般社会とそれほど違いはありません。厳格な規則も単に形式的には課せられません。

斎《ものいみ》を行うこと（病者は免ぜられるなど例外もあります）、修道院外へ宿泊する時に限り、修道院長に許可をいただくことだけが、いわゆる規則と言ってもいいものかも知れません。

世俗世界の正教徒にとっても、天国をめざして今を生き「新しい生命」にめざめる喜びにその信仰生活のすべてがつながっていきます。それは、洗礼によって新しい自分に生まれかわる喜びに始まり、主日における領聖の喜び、キリストの復活の喜びの体験によってもたらされます。

しかしながら、神の似姿から次第に離れて生きる私達に、神様は痛悔する恵みを与え、私達はまとっている古い衣服を脱ぎ捨てて、新しい生命をいただいて生まれかわっていくことができるということです。

そこに大きな神様の愛があることを知ることになります。これこそ、初代教会より確実に受け継がれてきた正教信仰の原点であり、斎《ものいみ》はその喜びへ向けての大切ないとなみであることを知る機会が修道院での祈りの体験、巡礼の本当の目的です。

この地上において、一宗教への帰依という私達の認識を超えて、堅固な「確信」をもって生きる人達が、これほど多く存在する場は、このアトスをおいて他にはないと思えます。

祈りをみがく

ともあれ、私にとって、本当の祈りをしたいという気持ちは修道院に通うたびに強まっていきました。祈りは悔い改めのこころがあって可能となります。たとえば「神は痛悔をして謙遜な心を軽んじることはありません」という第50『聖詠』(詩篇51)の言葉は、聖堂での奉神礼で何度も読まれる聖句ですので、私達にとって大きな支えです。

私にとって、修道院に通う理由は、長老のもとで生活し、「祈りたい」ということでした。修道院において、祈りについて、生活について、斎《ものいみ》について、というより、修道院のしきたりや規則について教えてくれる以外の、ほぼすべてについて、長老から「～しなさい」「～してはいけません」という指導を受けることはなかったのです。

長老は、私の生活を見つつ、またあえてした私の問いかけにも、自らの体験や実践例を示したり、聖句を引用したり、その場面にかなう師父の言葉を示したりして、どちらかというと雑談をして終わったようにも思えました。そして、これらの会話を終えて、すでに数週間も経ったころ、私に「その後どうだった？」と、何気なく問いかけるのです。

その時、長老が私の生活全般に常に眼差しを向けてくれていて、丁寧に私の成長を見守っていたことに驚きました。そこで、私の答えを受け取ると、再び私に新たな課題を投げかけてくる。そのような生活が続きました。あくまでも個人的な体験ですが、自ら考え、自ら実践し、自ら体得していくことで、じっくり熟成を待つのが、長老の指導方針だったのです。

目を閉じて祈ることは難しい

こうしてまず、祈りと生活の基本を身につけていく日々が続きました。こうした時に、注意しなければならないのは、独りよがりにならないようにすることです。なかでも、最初に長老から示唆を受けた具体的なことがあります。

それは「目を閉じて祈ることは難しい」という長老の言葉でした。

目を閉じて祈ることを、否定も、肯定もせず、ただ「難しい」と言われると戸惑います。

たとえば奉神礼に参禱してスタシディ（祈禱用椅子）で祈る時、他人が祈禱書を読む時もですが、ふと目を閉じて誦経を聞く時はあります。早朝、3時ごろに始まる早課の進行中などは、長い歌誦や誦読が続くと、やはり眠気に襲われ目を閉じるのですが、そういう時に眠るなという意味ではありません。むしろ、覚醒して、本気になって祈る気持ちが強すぎると、こころが逸る時があります。

ただしい祈りができるまでは、修練が必要であることを、私の感得すべきテーマとして、その時与えられたと思います。

祈りは、少しでもこころに隙間ができると、妨げられます。あれこれ、身の回りのことに拘泥するこころから離れられず、集中できない時の祈りは、機械的な行為を積み重ねることになり、後味の悪いもので終わります。

私達のこころは、常に多くの想念を浮かびあがらせます。それは、過去、現在の体験からも、あるいは未来を見越して浮かびあがるものです。夢想、果ては妄想などもあります。勝手な現実解釈や思い込みなど、あげたらきりがありません。

まさしく悪魔が私を唆《そそのか》して、幻惑を企んで、神に向かおうという姿勢をせせら笑って巧みに挑んできます。すなわち目を閉じて祈る時はそういう危険に遭遇することが多くなるということなのです。

想念を生むことは言葉によって可能ですが、それらは物質的世界、甘美な世界の想念です。それらに興奮し、心とらわれ、陶酔すらすることがあります。自己満足で終わることもあります。その時神及び霊にかかわる神聖な事柄を偶像の領域におとしめることになってしまいます。そこで発せられる言葉は祈りとはほど遠いものになり、神に受け容れられることはなくなります。

それは、やがて素直な痛悔のこころをねじ伏せます。感情の起伏、高ぶり、果ては興奮を誘い、酔いしれることすらありうる危険な状態を現出する恐れを帯びています。

すでにその時はそれと闘うこころも失せて悪魔の虜になるのだと長老は語りました。

でも、この歳に至ってようやくそれも薄らいできたのだと、感慨を私に語りました。そこで、最後に「目を閉じてただしく祈ることができれば悪いことではない」「ただしそれは難しい」ということを知るに至りました。

ギリシャ正教における悪魔の存在とは

さて、悪魔とはどのような存在なのでしょうか。

悪魔どもがあなたを攻撃すると言うのか。我々が自分の意志で行うのであるから、彼等が我々を攻撃するのではない。我々の意志が悪霊になるのである。意志を実現するために我々を攻めるのは、我々の意志なのである。

（『砂漠の師父の言葉』ポイメン67）

悪魔は対象化され、何らかの存在者としてイメージされますが、正教ではそうではありません。悪魔は無形の存在であり、肉体をもちません。正教では人間の自由意志そのものが、神に背くありかたを悪魔の唆《そそのか》しと見るだけです。

私達の過ちは確かに他者である悪魔がしかけたのですが、しかし悪魔は無形ですので、自分から何もしていないのです。しかけるだけです、唆すだけなのです。だから悪魔の本体は悪霊となった私達の自由意志そのものです。しかし、悪霊となって思い切り神に背くこともできるのですから、翻って誠心誠意神に倣《なら》うこともできることに目覚めることが大切です。

長老とともに祈りの日々を送る

アトスで「修道院」と呼ばれる共住施設は20箇所あり、その他の施設は「スキテ（庵）」「ケリ（坊）」と呼ばれます。ケリは一戸建ての住宅に小聖堂が付属した小規模な施設です。スキテはケリが集まって小邑《しょうゆう》をなした地域と、共住修道院と同等の規模をもつ施設です。

私は、ラヴラ修道院に属して、長老の指導を受けていましたが、首都カリエスに近いクトゥルムシウ修道院所属のPスキテに在籍するN長老とも親しくなり、訪れて祈りの指導を受けてきました。

少人数で朝の祈り、食事、労働、巡礼者の受け入れ、暮れの祈り、痛悔を行う日々が、1週間単位で続きました。こうした修道生活は、長老との関係がより親密となり、大修道院での学びとは違った、細やかな人間関係を築くよい機会になりました。

毎朝、4時には起床し、付属の聖堂で祈りが始まります。N長老は司祭ではないので、奉神礼の執行は私が行いますが、霊的指導はN長老です。

食事もいっしょにつくり、巡礼者や、他のケリから訪れた修道士達とともに、祈り、朝食をとり歓談し、午前中は畑に出て作業をし、午後は周辺のケリや隣の修道院へ行って親しい修道士と会い、ともに祈り、自室では読書したり休息をとる毎日でした。

アトスでは大修道院以外は、電気（自家発電）の分配がなく、携帯電話の充電用に、携帯バッテリーを満充電にしてもち込みます。灯りは蠟燭か太陽光で充電できる懐中電灯の類のみで、未明の聖堂では蠟燭の光を頼りに祈禱が始まります。

当初は、ギリシャ語の祈禱書を滑らかに読み進めることができず、日本語の祈禱書を読んでいましたが、ビザンティン聖歌、カノンを歌うことができるようになり、祈禱書の読みもある程度習熟してきたころに、聖歌者として歌う役割を与えられ、詠隊（聖歌隊）に加わることを許され、それからは祈禱に習熟する速度があがりました。

最初に指導を受けたのは、公に祈禱を進める基礎となる誦経（祈禱文を一定の速度で読み進めること）、次に歌誦をネウマという楽譜にあたるものに沿ってただしく歌いあげることでした。

修道院に滞在中は、昼間、暇な時間ができると、壁の薄い宿坊の自室から、修道院に新しく造られたヘリポート（急病人搬送用）へ出て、声をあげて歌誦の練習をしました。ケリに滞在中は、長老や修道士見習いとベランダなどに出て練習をしていました。

聖堂での祈りは、膨大な正教の祈禱書にある祈禱文を読みあげることによって神に捧げられます。

誦経（読み）にしろ、詠唱（歌）にしろ、祈りの言葉を読む者は、ただしく言葉を用いて、神はいつでもどこでも、私達のこころの有様を知っていると思わねばならないのです。ただ正確に読もうとするだけでなく、神を畏怖するこころを常にもたねばならないということでした。

詠唱においても、やはりただしく祈禱文を歌いあげることが先で、ネウマに示された節回しを、最初はなかなかそのとおりに歌えないのですが、節回しをはずした時よりも、祈禱書の言葉を読み間違えた時のほうが、格段に厳しく指摘され糺《ただ》されました。

祈禱文や歌誦はそれを聞く者のこころを平静に保つように行われなければなりません。静かに祈禱文を聞く者の、祈りのこころを乱してしまう恐れがあるからです。祈りの言葉が読まれ、歌われる時は、祈りに加わる者がそれを聞いています。祈りを行う者は、神の業《わざ》がそこに行われていることをこころしなければならないのです。

思えば、最初は、未熟な面は見逃されていたのですが、次第に、指摘も厳しさを増してきました。ギリシャ語のアクセント（鋭アクセント）のついた字母は、おおむね伸ばして読まねばならないので、祈禱文を食い入るように見て、アクセントを意識して歌う時はいいのですが、慣れてくると、緊張がほぐれてしまい、ミスが重なります。アクセントが曖昧になり、たちまち伸ばす母音を間違えて指摘されます。まさしく「神の業《わざ》を行うこころに相応しくない」不注意を犯したことになります。

それだけではありません。祈禱文の意味を理解して、文章の区切りをつけることもできなければ、意味もただしく伝わりません。そこで、何度も同じ祈禱文を読み直して、息継ぎもしながら、どこで息継ぎをしたらよいか考えながらリズムを整えます。最初は『聖詠』（詩篇）計150編の読みなのですが、夜を徹して、宿坊の自室で読みあげる声が漏れ聞こえてくることになります。

私は、当初は修道士見習いの隣の部屋に住んだのですが、毎晩ブツブツと祈禱書を読む声が気になりながらも、いつしか眠りに入った記憶があります。ある晩、警備のための夜回りをしている修道士が、私の居室の戸を叩いて、眠れないのではないかと、気遣ってくれました。その後しばらく続いたのですが、めでたく誦経に加えてもらえてからもしばらく続いていました。

また、誦経は、習熟するにつれて、得意になってくるのです。それにつれて読みも速くなってきます。そのスピードが、聞き手に伝わると、すなわち読み手が「急いで読んで、早く終わりたいと思っているな」と伝わると、その祈禱文の誦読を聞いている人の敬虔《けいけん》な祈りのこころを奪うことになるのです。だから、まず「急ぐことなく」「自然に」「ただしく」読むこと、聞く人のこころを騒がせないように、祈りの言葉はこころに伝わってこなければなりません。

さて、こうして日々の修練が最も充実して進んだのは、やはり、大斎《おおものいみ》期間、受難週間、復活祭、光明週間、主の昇天祭、五旬祭、そして滞在する修道院の大祭日（7月）までの半年間でした。

高ぶりも落ち込みもしない、こころを平らに保つ

祈るためには、まずこころを静かに保ち、その準備をしつつ聖堂での祈りを待つこと。そのためには、祈りの開始時刻よりも早めに、聖堂の前堂で静かに開門の時を待つこと。いつも早めにここで開門を待つのです。祈りが祈りとして神に聞き届けられるように、まず私達は無駄な想念、こころの高ぶり、思いあがりを自然のうちに鎮め、喜びと安和なこころに満たされ、自己と隣人を区別することなく、あらゆるものに眼差しを向ける姿勢を培うことが必要です。

こうした注意を前提として、祈りの条件としての謙遜と痛悔のこころに相応しい土台が備わってくるものです。私達の霊が祈りの姿勢を整え、天上の神へとこころが向いてからただしい祈りができます。静かに聖堂の扉の前に佇《たたず》む修道士のすがたからは、神へ

の思いが読みとれるように思います。

こうした、偽りの思いや高ぶり、逆に落ち込みもまた祈りをただしいものにするには妨げとなります。こうした様々な障碍《しょうがい》をクリアーしたこころの状態はどのようなものなのでしょうか。

師父ポイメンはしばしばこう言っていた。「思いについて、醒めていること以外に、我々に足りないものはない」

（『砂漠の師父の言葉』ポイメン135）

かつて梅棹忠夫は自著において、知的生産の技術がめざすものは、「情緒的乱流をとりのぞくこと」「精神の層流状態を確保する技術」であり「精神の安静」であると総括しました。この総括は、祈りにも、人が何かに専心する様々ないとなみにも共通に言えるものです。

祈りは、修道生活にまつわる様々ないとなみに携わり、それに専心することにより、こころの安寧をつくり出すトータルな工夫と実践の現場なのだと思います。

長老のケリで少し長い期間滞在したある夏の日でした。畑の仕事と薪割りを終えてから、ベランダに出て腰を下ろし、二人で歓談をしつつ、午後のひとときを過ごしていました。長老を訪れる巡礼者の団体もその日はありませんでした。

ふと長老は、「イシヒーア（静かだ）！」と言って海を眺め続けていました。日陰にいれば涼しい風がはいり、気温が高いわりには暑さを感じません。快適さに満たされて、さっきからもう1時間以上こうして同じ姿勢でいて、それほど会話があったわけでもありません。時があっという間に過ぎているのです。

この時、長老は私達正教徒が何をめざすべきか、伝えているように思えました。それは、こころの静けさだと思います。神にすべてを任せて安心していられることが、いわば「イシヒーア」、すなわち静けさです。

そのこころのありかたは、聖体礼儀の出発点にあたる祈り。「我等、安和にして、主に祈らん」という祈禱文にもあらわれています。

カバシラスという師父の著作には、この「安和（イリニー）」という言葉には、「痛悔と感謝が含まれている」と記されています。イリニーは「平和」と訳されてもいますが、こころの平安、安寧をあらわしています。祈る時、私達は安和に満たされていなければなりません。

聖体礼儀はもとより、自室で祈る私祈禱においても、その祈りが祈りとなるためには、すべてを神に任せる姿勢を培っていくことが前提であること。そのことを確かめ合った長老とのひとときでした。

第10章 聖山アトスとコロナ禍

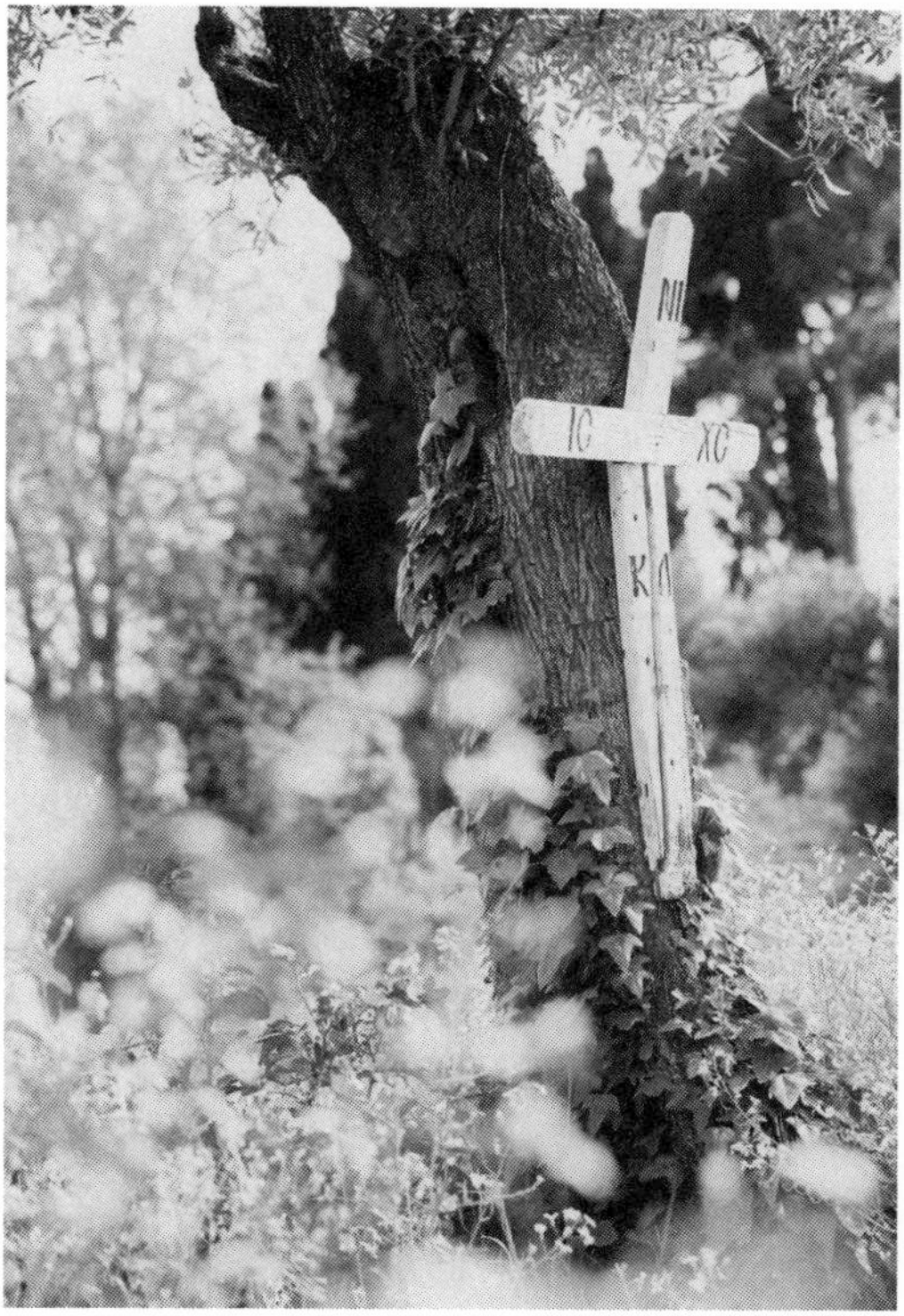

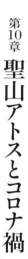

教会の閉鎖、残った軽症者が祈りをつなぐ

ところで、今聖山アトスはどのような状況なのでしょうか。

アトス政庁では、新型コロナウイルス感染症 COVID-19 の感染者について公式な調査や発表はありませんので、親しい修道士達の近況報告のみです。

ギリシャ政府はアトス政庁へ、具体的な感染防止対策についてギリシャ共和国憲法と諸法令をもとに働きかけをしていますが、政庁は巡礼者の受け入れの中止など以外、内政的な施策については確固たる独自の判断を貫いています。

2020年の夏を経て、秋ごろまでは、2~3の修道院で数人の感染者の情報があるだけで、急速な感染拡大の状況は伝わってきませんでした。

この間、原則として各修道院に期間雇用された労働者と食料や物品の納入業者、アトスに籍を置く修道士の出入り以外は、入山者数の制限をしていました。

しかしながら、ギリシャ国内でも感染が急拡大した11月半ばごろからは、状況が一変して、次々と緊迫した事態を伝えてくるようになりました。感染の拡大という厳しい現

実に直面して、ギリシャ政府もアトス山の自治政府の指導者に、対策のさらなる強化を求めました。

独立教会であるギリシャ正教会の指導者であるイエロニモス2世大主教も感染し「管轄の保健当局の規制と措置に敬意を表して従う」ように促しました。ギリシャ政府は11月に国内の教会の一時閉鎖を命じました。

さらに、友人が在籍するアトスのA修道院では、12月中までに修道士全員が感染してしまったことを伝えてきました。B修道院など、他の修道院の修道士からも、感染の拡大傾向の情報がもたらされました。

入山制限はさらに厳しくなり、トラペザ（食堂）担当以外の労働者と長期滞在の許可を得ていた一般巡礼者も、即刻退去の措置がとられました。

感染者とどう接するのか

修道院自体は、休むことなく続けられる祈りの現場です。そして構造上、クラスターが発生しやすく、トラペザでの共同の食事、イコンに接吻し、寄りそって聖歌譜を見て歌うなど、どだい濃厚接触は不可避です。

感染拡大とともにA修道院では、自室で療養する者が出始め、聖堂の奉神礼に加われない修道士が増えてきました。また、近隣のポリギロス市や北部の大都市テッサロニキ市の病院へ入院する者もあり、動ける修道士は徐々に減り、重篤となった修道士5名が首都アテネ市の病院にまで搬送されたことなど、緊迫した状況を伝えてきました。

しかし、A修道院の主聖堂での日々の奉神礼は、残った軽症者によって途切れることなく続けられていたのです。私がA修道院に滞在した時の記憶からすると、聖堂の準備をする修道士達は、おおむね未明の3時ごろに起床して聖堂にはいり、至聖所、聖所、啓蒙所にある200本を超える油器の灯火をひとつずつ点して廻り、約1時間後の朝の奉神礼開始までに手早く終えねばなりません。

これだけでも大変なことなのですが、奉神礼が始まれば、祈禱書を読み、歌い、燭台を運び、香爐の準備をし、至聖所、聖所を動き回って行う様々な用務もあり、朝の祈りは4〜5時間、晩の祈りは3時間を要します。

この祈りを、比較的軽症だった修道士5名のみ、時折一人、二人が欠ける日もあるなか、約3週間休むことなく続けていたことを詳細に伝えてきました。自らはその5名のうちの一人で、最も遅く感染したうちにはいるが、やがて自らも感染するに至り、軽症者（味覚、嗅覚の喪失と倦怠感のみ）として推移し、後遺症は残るものの今は回復していると知らせてきました。

アトスには、2G、3Gの携帯電話は普及していますが、テレビ受像機はありません。私達が日本にいて、毎日、毎日伝えられる感染者の増減や関連情報や緊急事態宣言のことなど、彼らは全くと言っていいほど、触れることはないはずで、ただ現実に感染して体調不良者が増加していくなかで、ついには「全員感染」という事態に直面していることを淡々と知らせてくるのでした。

様々な情報が飛び交って、それで不安が拡大するような緊迫感も、あまり感じられません。

さらに感染者を特別な病にかかった存在として区別することなく、仲間の体調不良者を気遣いつつ、お互いに感染者として、なんとか助け合いながら奉神礼を続けていたのです。

罪人の家にはいっていたイエス

このころ、教会暦に基づいて聖堂で行われる奉神礼では、「ザアカイの主日」（2021年は2月14日）がめぐってきました。『新約聖書』ルカ伝（19章1-10）にある、取税人ザアカイの物語から神の教えを学ぶ日です。

ザアカイは当時卑しい身分とされた取税人でしたが、信仰が厚かったので、群衆のなかでイエスに近づきたいとイチジクの木に登ったところをイエスに認められ、イエスは彼の家に泊まりました。人々はこのことを妬んで、「イエスは罪人の家にはいって客となった」とつぶやきました。

正教徒にとって、この日の聖書からの学びのテーマは、取税人ザアカイの深い信仰をキリストが認めたことに加えて、人々の「つぶやき」への戒めにあります。人は隣人の外的要素、その行動と動機に従ってその人を判断し、たとえば「罪人」のレッテルを貼り、自らを正当化し、安心させるためにつぶやくのです。

人は誰でも自分が優れていると感じています。「罪人」があえてキリストに近づき、人々の認めるしきたりや、ルールを超えた行動をとる時、妬み、憤慨するのです。その時のつぶやきこそが「差別」のこころの根源です。

「差別」の根源は私達を取り巻く外の世界にあるのではなく、私達の内面、すなわち人のこころのなかに潜むものです。「彼は卑しい取税人、罪人なのに」「感染者なのに」というつぶやきこそが差別の根源です。これは、古くて、実は新しいテーマです。

ここで、キリストがザアカイを彼の「信仰」において認め、取税人という外的要素によって区別しなかったことを、私達正教徒はこの主日になると思い起こし、学びを重ねてきました。

イエスは、人間の外面を見ず、罪に焦点を合わせず、誰も批判せず、誰も拒絶しません。むしろ、その内面、人のこころ、救い（病気の場合は治癒）の兆し、反省のこころ、意図せずに行われた損傷（傷病）、たとえそれが故意によるものであったとしても、レッテルを貼ったうえで拒否することなく、むしろ当事者に寄りそい「修復」「治癒」にこそ、こころを向けなければならないことを教えたのです。

今、コロナ禍にあって、私達が気付かねばならないことのひとつが、そこにあると言えます。

やがて、A修道院では2021年2月の初めごろには多くの修道士が回復して聖堂へ戻ってきて、互いの祈りがかなって無事であったことを喜びあい、奉神礼も次第に交代で担当できるようになってきました。

永眠者についてはA修道院では今のところ報告はありませんが、他の修道院では、主に年配の修道士の永眠の報告は届いています。

このような状況のもとでは、さながら緊急事態宣言を発して、しばらく奉神礼を全面的に休止すればよいのでは、と思われますが、日々の祈禱を1000年以上継続してきた「絶えず祈ること」を旨とする世界、それは聖書を生きることそのものであり、実際にA修道院において、祈りは途切れることはなかったのです。

このような対処のありかたを、一概に肯定するつもりはありませんが、彼らの修道士としての自覚と対処のありかたは理解できるのです。すなわち、修道院の伝統のもとでの理路は「祈りの継続」です。

やがて、B修道院の友人は、祈りの継続がなんとか全うされたことに安堵《あんど》していることを、まさに平常心をもってメールで淡々と伝えてきて、「私達のために祈ってください」と結ばれていました。

こうした嵐のような日々を経て、最近（2021年2月下旬）、アトス全体では一旦感染が収束しています。

A修道院の修道士仲間もみな「抗体」を獲得したはずなので、別種のウイルスの到来までは、「しばし安心して祈れる気分」であることを伝えてきています。

私にとっては、修道士達によってもたらされる知らせに、まさに「こういう対応もあったこと」を事実として、肯定も否定もせず、これがアトスだとただ伝えずにはいられない思いです。

こうした、コロナ禍のこの1年、私達にとって、今までになく大きな違いは、誰もが身近に感じていた人達の突然の死に出会ったことでした。

そのうえで、家族や自分自身の命の危険も迫ってくる状況に私達は置かれてしまいました。私達は、やがてたちまちにしてこの世を飛び去るという現実にありながらも死に向き合うことは難しいものです。

死を見つめるから、生を喜べる

私達クリスチャンは、洗礼を受けた時に、この世と、神の国とにつながる世界で通用する名前、聖名をもちます。クリスチャンは神に向かって、神の手助けをいただきながら、悔い改め、神に相応しい姿をめざしてこの世の生活をいとなみつつ、天国で永遠の生命をいただいて住まうという「喜び」へ向けて、この世の死にも向き合うこころを培っていきます。死を見つめて、この世の生を送るのがクリスチャンです。

新約聖書には、タラントの喩《たと》えがあります（マタイ伝25：14-30）。主人が僕《しもべ》に預けたタラント（お金の単位、財産、「タレント」の語源）について、それをどのように生かしたかについて正教徒は主日聖体礼儀の説教において学びます。

タラントも、神が私達に与えた賜、古代ギリシャ的にとらえればアレテー（徳）でもあります。それは、神から与えられた天然の才能であり、知恵、思考力、体の健やかさなどです。

クリスチャンの人生の目的は、とてもはっきりとしています。神から与えられたタラントを生かし、神に相応しい生き方をして、自らの国家社会における役割を知り、自らの職業を選び、ただ生きるのでなく、より神に相応しく生きることを旨とし、やがて天国で永遠の生命をいただいて、そこで家族とともに住まうことです。

そして、正教徒同志は、あまねくその志を共有している、という連帯感もひときわ強いのです。

神は自由意志を私達人間に与えて創造しましたので、それを生かして日々の善き生き方を選ぶことができます。私達は過ちを犯しつつも、悔い改め、神の助けを得てたゆまぬ修練のもとで目的へ向かって歩む、正教徒にとって、確信に満ちた自由な生き方がここにあります。これまで本書で述べた正教の祈りと生き方は、東方正教に独自のものというよりも、原初からのキリスト教の伝統を受け継ぐものなのです。

聖山アトスの修道院に在籍する修道士達は、ほぼすべてがこの地で、この世の生涯を終え、しばしの眠りにつき、天国で永遠の生命をいただき、そこに住まうことになります。修道士達は、そのことのために祈ってきたのです。

クリスチャンは一度、死の現実を受け容れますが、死は眠りであって、やがてはその眠りから醒めて、天国で永遠の生命をいただく通り道と考えています。

だから、クリスチャンにとって、この世の死は「おしまい」ではありません。私達が必ず「この世の死」を通らねばならぬことは同じです。日常では隣人の死に、そしていつかは自分自身の死に正面から向き合わねばならないのです。キミティリオン（眠りの場所）は、そうした死から目をそらさずに、向き合うことができる場所です。一人一人が、どのように生きたかを知ることができる場所です。

正教信仰は、この世の死という出来事ののちに、天国で永遠の生命をいただくという明確な死生観をもっています。

奉神礼「一時課」の祈り、第89聖詠（『詩篇』第90篇）を毎日、毎日誦読します。このダビデの祈りの一節は、私にとっては聖堂での祈りにおいて、いつもこころに沁みていく部分のひとつです。

われらのすべての日は、あなたの怒りによって過ぎ去り、われらの年の尽きるのは、ひと息のようです。われらのよわいは七十年にすぎません。あるいは健やかであっても八十年でしょう。しかしその一生はただ、ほねおりと悩みであって、その過ぎゆくことは速く、われらはたちまち飛び去るのです。だれがあなたの怒りの力を知るでしょうか。だれがあなたをおそれる恐れにしたがってあなたの憤りを知るでしょうか。われらにおのが日を数えることを教えて、知恵の心を得させてください。

「おのが（この世の命の）日を数えること（いつかは必ず死ぬ身であること）」を教えて、私達に知恵を与えてください、と神に祈り続けます。

私達が永眠することは現実です。それに向き合うことは避けられません。私達は、自らの死に向き合ってどのように「知恵」を必要とするのでしょうか。その答えは難しいものではありません。

神に近づく人々にとっては、初めは多くの闘いと労苦がありますが、やがて言葉に言い表せぬほどの喜びが生じます。

（『砂漠の師父の言葉』シュンクレティケ1）

生きることはそのまま死の備え

クリスチャンの死への備えは、その目前に至ってこころ構えをして身辺整理をするだけではありません。死はいつ訪れるかわかりませんので、ずっとずっと以前から、クリスチャンはそのために準備をしていくことができます。

悔い改めと祈り、天国に住まう準備です。クリスチャンにとって、生きることは、そのまま死への備えでもあります。

上記の言葉は、死を目の前にすると「言い表せぬほどの喜び」につながることを伝えてくれています。私達は死の床でしっかりと十字架を握りしめて、喜びとともに旅立ちたいと思って今を生きます。

ダビデの『聖詠』の一節に示されているように、私達は抗いがたい現実、不条理にたえず出会う存在です。そこに「喜び」というものはどうしてあるのでしょうか。それは、この世が真の世、真の人生ではないという「知恵」を深めること。それゆえクリスチャンにとって、死は、通過点なのです。修道士は、死は「お祭り」であるとまで言い切ります。

そして、本当の生命は、今ここにあるものとは違ったものであり、それは神のみもとにあり、神が人となったキリストが、すなわち神自らが私達に、その生命があることを伝えたものなのです。

それは未だ誰も体験していない隠されたものでありますが、それを確信することにより、この世の生を悔い改めとともに通り抜けて行けば、神をめざす道筋が確実にひかれているという安堵感に満たされる、そこに「喜び」があるということです。正教信仰はその思いを確実にして、今を生きていく、この世のいとなみです。

信仰は、その途上において霊に「知識」を溜めることではなく、「知恵」を溜めることで深めることができます。

アトスで出会った長老達は、温かい眼差しを向けつつ、常に私にそうした目的で、様々なチャレンジをすることを示唆してくれました。

さて、修道院は墓所でもあります。メギスティス・ラヴラ修道院は963年の創建ですが、キミティリオンには、これまでに永眠した修道士の遺骨約75000体が納められています。

修道士は、永眠すると黒衣のまま、比較的浅く土葬されます。3年ほど経過したころに掘り起こし、遺骨を取り出して洗浄し、キミティリオンにその部位ごとに、棚などに分けて安置します。ラヴラ修道院のキミティリオンには内部に深い穴が掘られ、そこに積みあげられた遺骨は地表近くにまで達しています。

頭蓋骨だけのための特別な安置棚があります。髑髏《どくろ》がこちらを向いて、きれいに並んでいます。日頃指導を受けていた修道士達は、巡礼者達を案内して長老に会いにやって来ます。そして、生前を偲《しの》び、長老の言葉を巡礼者に伝えます。遺骨のおでこの部分には、聖名と永眠日、そして本人の残した言葉などが記されているものもあります。

そのなかに、

「私を見なさい、あなたもやがてこのようになるのです」

と記されたメッセージがあります。

ここからは、この修道士が神に相応しい生き方を終生貫いたすがたと天国への思いがひしひしと伝わってきます。さらにこの書き付けをした弟子が、永眠した長老をいかに慕っていたかも窺《うかが》い知ることができるように思います。

クリスチャンにとって、死がすべての終わりだったら、遺骨に記された言葉は、死んだらすべてが終わりだというメッセージにしかなりません。

この銘を、クリスチャンが、そういう意味で受け取ることはありえません。

人は必ず死を迎えます。しかし、人は生きながらも、罪にまみれて、その罪によって死んでいることがあります。そちらのほうをクリスチャンは大いに恐れます。すなわち、この世の生において希望を失い、懈怠に流れることは、天国を諦めたことになるからです。

むしろ、天国で永遠の生命をいただくことを確信して、この世ではいわば仮の生命を得たのです。その生涯を終えた者の次の棲處《すみか》は、天国以外ではないはずですから。

死は終わりではなく、永遠の生命の始まりであること、やがて私達もそこに住まうことを、このメッセージは伝えています。

「私を見なさい、あなたも、私のように、やがて天国で永遠の生命をいただくことになるでしょう」

と、永眠した修道士は励ましの言葉として、伝えたいに違いありません。その喜びを見据えた温かい思いがこの銘にはあるように思います。

私は、アトスの修道院を訪れると、必ずキミティリオンを訪れます。別の修道院のキミティリオンを訪れた時は、たまたまそこに来ていた若い修道士が、長老の頭蓋骨を棚から取り出し、私に手渡してくれて言いました。「これは十字架（スタヴロス）だ！」と。

まさしく、頭頂にはきれいな十字架の筋がはいっています。「これは、聖人の証しだ」と付け加えました。

キミティリオンに来ると、乳香を焚いて復活祭に歌われる「復活の讃詞（トロパリ）」という祈禱文を歌いあげてから、遺骨にまみえることになります。

「キリストは死より復活し、死をもって、死を滅ぼし、墓にあるものに生命を賜えり」

ここは世俗ではこの世の終わりを象徴する場ではありますが、すべてのクリスチャンのめざすものがむしろクローズアップされてくる場所です。それがキミティリオンです。

ここは、死の忌まわしさはしばし遠のいて、静かに「死」と向き合い天国を思うことのできる、この世にあって真に希有な場所と私には思えます。

あとがき

ニコライ堂には、「アトス会」という勉強会があります。正教のこころ、その原点たる聖山アトスの修道制に基づく正教の霊性を学ぶ信徒の集まりであり、正教の宣教を進めるための男性信徒達の絆です。そこで学んできた事柄が本書に盛り込まれました。この会の立ち上げと運営に携わっていただき、昨年永眠された故ペトル坂本了氏に、天国における永遠の記憶をお祈りし感謝を申しあげます。

また、本書の上梓にあたり、幻冬舎の福島広司さん、木田明理さんには、企画や編集に際してご示唆をいただきました。木田さんには、未定稿の段階から有益なご指摘をいただき、執筆を進めるにあたり大いなる励みとなりました。あらためて感謝を申しあげます。

2021年2月（ザアカイの主日に）

パウエル中西裕一

巻末付録　アトス山巡礼ガイド

1）　アトス山に入山できるのは成人の正教徒男子に限られます。しかし保護者が付き添えば、未成年の正教徒男子の入山も可能です。正教徒以外の入山は1日10人までです。まず、テッサロニキのアトス山巡礼者事務所に電話で連絡をとり、希望する日に入域が可能か確認します（英語で対応可）。

復活祭や各修道院独自の大祭日（パニギリ）の時期は大変混むので、予約は半年前から2～3ヶ月前程度の余裕をもってする必要があります。電話での確認が済んだら、正教徒の場合は洗礼証明書（未信徒の場合はその旨を伝える）とパスポート（写真のあるページ）のコピーを巡礼者事務所に電子メール添付、FAX、郵便のいずれかで送付します。入山予定日の1～2週間前ごろになったら、同事務所に電話を入れて予約の再確認をし、あとは入山の入口の町、ウラノポリへ前日までに行き、1泊して翌朝フェリーに乗船します。

テッサロニキのアトス山巡礼者事務所（入山の予約、再確認の電話連絡先、書類の郵送先）
Holy Executive of the Holy Mount Athos Pilgrims' bureau
Egnatia 109 Thessaloniki-Greece. 54635
TEL +30-2310-252578
FAX +30-2310-222424
e-mail : athosreservation@gmail.com

2）入域予定日の朝に、アトス入山の入口の町ウラノポリのアトス山巡礼者事務所へ出向きます。パスポートを提示して、入山料を支払い、入山許可証（ディアモニティリオン）を受領します。事務所内には掲示板があり、各修道院に関する情報も掲示されているので、チェックしておくことが必要です。

特に、改修工事などのため一時的に巡礼者を受け入れていない修道院もあるので、注意が必要になります。巡礼に相応しくない服装（肌を出す衣服）などの写真入りの注意事項が掲示されています（半ズボン、ランニングシャツ、素足にサンダル履きなどは不可です）。

ウラノポリのアトス山巡礼者事務所
Holy Executive of the Holy Mount Athos Pilgrims' bureau (Ouranoupolis)
TEL +30-23770-71274 FAX +30-23770-71185
入山料は一般信徒35ユーロ（2020年現在）

ウラノポリの港のチケット売り場でフェリーの乗船券を購入して桟橋へ行きます。夏場などの繁忙期はチケットの予約を前日までに行う必要があります。パスポート、入山許可証、乗船券は乗船時に港湾警察官にチェックされるので用意しておきます。アトスの入口ダフニ港行きのフェリーは09：45にウラノポリを出航します。

ダフニ港に到着すると、首都カリエス行きのバスが待っています。夏場など混雑する時期は、バスは2台しかないので、下船したら手早く乗車する必要があります。

カリエスから相乗りのミニバスを利用して各修道院へ行きます。

3）各修道院への滞在は3泊4日が原則ですが、首都カリエスのアトス政庁で滞在の延長の願い出が可能です。通常、正教徒の巡礼の場合は1～2週間程度までは希望どおりに延長が認められます（ただし、土、日曜日は休業なので受け付けていません）。滞在先の修道院は1箇所につき1泊が原則ですが、修道院長の許可があれば、2泊以上の滞在の延長が可能となる場合があります。

修道院の門をくぐったら、巡礼者の受付（アルホンダリキ）を探してそこに向かい、入山許可証を提示して指示を待ちます。ギリシャ・コーヒー、水、チプロ（蒸留酒）、ルクミ（甘いお菓子）がふるまわれて一息つくことができます。修道院の日課や、注意事項等について説明（ギリシャ語か英語）を受け、巡礼者リストに記入したら宿坊へ案内されます。

4）修道院の日課の例は以下のとおりです。夕方15：00ごろにシマンドロ（板木）が鳴り、暮れの祈り（九時課・晩課）が行われます。17：00ごろに終わり夕食。夕食後は食後の祈り（晩堂課）が行われ、聖堂内で不朽体（聖遺物）に接吻する機会が与えられます。そのあと宿坊の講堂などで修道士達と歓談する機会があり、そのあと就寝します。

翌朝03：00ごろに鐘とシマンドロ（板木）が鳴り起床の時刻であることを知らせます。04：00ごろ、朝の祈り（夜半課、早課、一時課、三時課、六時課、聖体礼儀）が始まります。08：00ごろに聖体礼儀が終わり、朝食をとり、そのあと、修道士は労働の時間となります。巡礼者は荷物をまとめて、他の修道院へ移動します。

修道院によって生活のリズムは異なるので、訪問のタイミングにより、1日2食の食事をとれるとは限りません。斎《ものいみ》の日（水、金曜日と復活祭前の準備期間）の朝食はない場合があります。日持ちする食品などを持参して宿坊などで食べることは可能です。

5）　修道院の巡礼者用の宿坊は2人から10人程度収容の相部屋がほとんどですが、個室を与えられることもあります。自家発電のため、深夜に配電を止める修道院もあり、ランプや非常灯のみが廊下やトイレに置かれているだけの場所もあるので、懐中電灯があると便利です。

修道院内部と人は写真撮影禁止ですが、修道院の外観の撮影は許されています。アトス半島へのビデオカメラの持ち込みは厳禁、修道院内部の写真撮影には、事前に特別な許可が必要です。

6）一般の巡礼者として聖堂で参禱する際の服装は、地味なものを心がける必要があります。極力肌を見せない配慮が必要です。未信徒の場合は聖堂やトラペザ（食堂）にはいることを許されない修道院もあり、食事も修道士や正教徒と区別される場合もあるので、よく確認して各修道院のしきたりに従うことが必要です。なお、アトス半島の海岸における遊泳は絶対に禁止です（滞在中に遊泳の事実が判明し即刻退去処分の例があります）。

7）携帯電話はアトス半島内でも電波の状況はよく、日本の携帯電話も利用可能です。各修道院は自家発電なので、巡礼者の利用できる充電用のコンセントが少なく、電池切れになる恐れがあります。

8）予約の必要がないスキテなどは直接訪れることができますが、現在はすべての修道院で電話による確認が必要になりました。電話は英語で対応してくれる場所がほとんどですが、一部の修道院ではギリシャ語のみの対応になる場合もあります。

9）パニギリ（大祭日）の日取り

聖山アトスの各修道院には、「パニギリ」という、各修道院ゆかりの聖人の記憶日を盛大に祝う大祭日があります。この日は、他の修道院の修道士や一般の巡礼者が挙《こぞ》って集まり、アトス山最古のラヴラ修道院では５００人を超えます。宿泊施設には限りがあるので、この日の滞在には数ヶ月前から予約が必要になります。日付はグレゴリウス暦で表示しました。

(1)　メギスティス・ラヴラ修道院　アトスの聖アタナシオス祭（7／17、18）
(2)　ヴァトペディウ修道院　生神女福音祭（4／6、7）
(3)　イヴィロン修道院　生神女就寝祭（8／27、28）
(4)　ヒランダリウ修道院　生神女進殿祭（12／3、4）
(5)　アギウ・ディオニシウ修道院　洗礼者ヨハネ誕生祭（7／6、7）
(6)　クトゥルムシウ修道院　主の顕栄祭（8／18、19）
(7)　パンドクラトロス修道院　主の顕栄祭（8／18、19）
(8)　クシロポタム修道院　十字架挙栄祭（9／26、27）
(9)　ゾグラフ修道院　聖ゲオルギオス祭（5／5、6）
(10)　ドヒアリウ修道院　天軍首ミハイル、ガブリエル祭（11／20、21）
(11)　カラカル修道院　聖ペテロ、聖パウロ祭（7／11、12）
(12)　フィロセウ修道院　生神女福音祭（4／6、7）
(13)　シモノス・ペトラ修道院　主の降誕祭（1／6、7）

⒁アギウ・パヴル修道院　主の迎接祭（2／14、15）
⒂スタヴロニキタ修道院　聖ニコラオス祭（12／18、19）
⒃オシウ・クセノフォンドス修道院　聖ゲオルギオス祭（5／5、6）
⒄オシウ・グリゴリウ修道院　聖ニコラオス祭（12／18、19）
⒅エスフィグメヌ修道院　主の昇天祭（移動祭日）
⒆アギウ・パンデレイモノス修道院　聖パンデレイモノス祭（8／8、9）
⒇コンスタモニトゥ修道院　聖ステパノス祭（1／8、9）

祈りを導く（メギスティス・ラヴラ修道院）

（上）降誕祭 （下）降誕祭を終え食事の時間となる（この日は、魚が供された）

(右)メギスティス・ラヴラ修道院のキミティリオン(納骨堂)
(下)イコンを見つめ、祈りを献げる

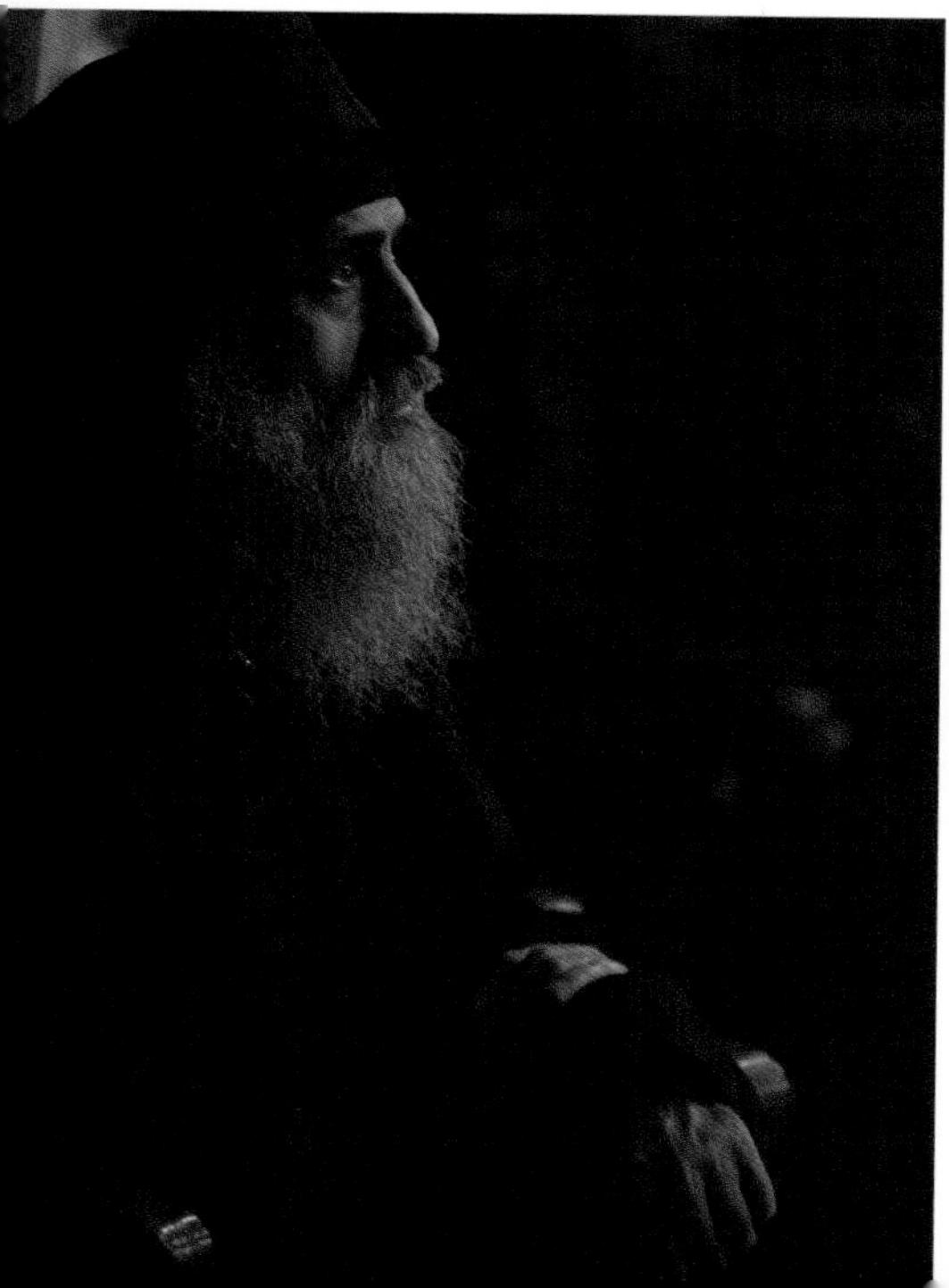

(上)東京復活大聖堂(ニコライ堂)での結婚式 (下)京都生神女福音大聖堂にて

（右）30kgを超えるバックパックを背負い、山道を歩き続ける（当時67歳）
（下）巡礼者達に炉儀を行う

（上）早朝の祈りを終え修道士達と朝食をとる
（下）日本人の司祭は珍しいので、すぐに巡礼者達の人気者になる

（上）糖飯（穀物を炊いて蜜や砂糖で甘くした食べ物）（下）修道士の墓地

（上）長時間の祈りを終え、朝を迎えた
（下）アトスに入ると顔つきが優しくなる父・パウエル中西裕一司祭

東方キリスト教関係の文献一覧

ここでは、本文に引用させていただいたもの、現在入手が容易なものを掲載しました。著者、訳者の皆様に御礼を申しあげます。

1）ティモシー・ウェア著、松島雄一監訳『正教会入門』新教出版社（2017年）
東方正教の歴史、神学、奉神礼などについて触れた定番のやや専門的な概説書です。

2）谷隆一郎、岩倉さやか訳『砂漠の師父の言葉　ミーニュ・ギリシャ教父全集より』知泉書館（2004年）
本文であげた「アポフテグマタ・パトルム（師父の警句集）」の邦訳です。修道生活における聖書の教えに基づく実践的な示唆が収録されています。

3）高橋保行『ギリシャ正教』講談社（講談社学術文庫）（1980年）
日本正教会の神父による著作です。わが国では正教を紹介した書として最もよく知られています。

4）C・カヴァルノス著、高橋保行訳『正教のイコン』教文館（1999年）
聖堂に描かれたイコンの歴史、聖堂内での配置、神学、美学などについて書かれています。

5）オリヴィエ・クレマン著、冷牟田修二ほか訳『東方正教会』白水社（文庫クセジュ）（1977年）
正教の歴史、神学、教会、典礼、イコン、修道制など、広汎かつ簡潔にまとめられて要を得ています。

6）宮本久雄ほか訳『東方キリスト教霊性の精華　フィロカリア』I-IX、新世社（2006-2013年）
東方正教の師父による霊性の書として、正教徒の霊的生活の実践に不可欠な書籍の全訳です。

7）府主教イラリオン・アルフェエフ著、ロシア正教会駐日代表部訳『祈りについて』教友社（2020年）
「神に向き合うための祈り」に始まる身近な生活における祈りの指南書。そもそも「祈りとは何か」を考え、自ら祈りの実践を通して、正教の祈りの深さを知ることができます。

8）村田奈々子『物語　近現代ギリシャの歴史　独立戦争からユーロ危機まで』中央公論新社（中公新書）（2012年）
古典古代の伝統をあこがれとしつつある現代のギリシャの国家と宗教、あまり紹介されることがなかった、直近の近現代ギリシャの歴史を知ることができます。

9）（学会誌）東方キリスト教学会『エイコーン　東方キリスト教研究』
　1988年創刊で、現在までに48巻刊行されています。

東方キリスト教関係の唯一の学会発行の雑誌で、毎年開催される例会における研究発表に基づき、研究論文、書評などの成果が掲載されています。

10）G.Speake : Mount Athos Renewal in Paradise, Yale Univ. Press, 2002.
最新、かつ詳細な聖山アトスに関する研究書です。

11）中西裕人　写真・文『孤高の祈り　ギリシャ正教の聖山アトス』新潮社（2017年）
聖山アトス自治政府からの特別許可により取材を重ねて成った、修道士達の祈りと労働の日々を追う写真紀行です。

著者略歴

パウエル中西裕一《ぱうえるなかにしゆういち》

一九五〇年東京都生まれ。

日本ハリストス正教会東京復活大聖堂（ニコライ堂）司祭。

二〇一六年まで日本大学教授（古代ギリシャ哲学）。

二〇一五〜二〇二一年上智大学大学院神学研究科講師（東方キリスト教学）。

二〇〇〇年より毎年聖山アトスのメギスティス・ラヴラ修道院を訪れて、輔祭を務める。

二〇一二年よりラヴラ修道院付属のケリ（修道小屋）で、司祭として聖体礼儀を行う。

幻冬舎新書 628

ギリシャ正教と聖山アトス

二〇二一年七月三十日 第一刷発行

著者 パウエル中西裕一

発行人 志儀保博

編集人 小木田順子

編集者 木田明理＋福島広司

発行所 株式会社 幻冬舎

〒一五一―〇〇五一 東京都渋谷区千駄ヶ谷四―九―七

電話 〇三―五四一一―六二一一(編集)

〇三―五四一一―六二二二(営業)

振替 〇〇一二〇―八―七六七六四三

ブックデザイン 鈴木成一デザイン室

印刷・製本所 中央精版印刷株式会社

GENTOSHA

検印廃止

万一、落丁乱丁のある場合は送料小社負担でお取替致します。小社宛にお送り下さい。本書の一部あるいは全部を無断で複写複製することは、法律で認められた場合を除き、著作権の侵害となります。定価はカバーに表示してあります。

©YUICHI NAKANISHI PAULOS, GENTOSHA 2021

Printed in Japan ISBN978-4-344-98630-5 C0295

は-18-1

幻冬舎ホームページアドレス https://www.gentosha.co.jp/

＊この本に関するご意見・ご感想をメールでお寄せいただく場合は、comment@gentosha.co.jp まで。

幻冬舎新書

杉崎泰一郎
沈黙すればするほど人は豊かになる
ラ・グランド・シャルトルーズ修道院の奇跡

机、寝台、祈禱台のほか、ほとんど何もない個室で、一日の大半を祈りに捧げる、孤独と沈黙と清貧の日々——九〇〇年前と変わらぬ厳しい修行生活を続ける伝説の修道院の歴史をたどり、豊かさの意味を問う。

中村圭志
知ったかぶりキリスト教入門
イエス・聖書・教会の基本の教養99

イエス＝神か、神の子なのか。神は「三つで一つ」という教理とは何か。イエスの一生、聖書のエピソードと意味、仏教との比較、イスラム教との関係などを、Q＆A方式で説明するキリスト教ガイド。

中村圭志
教養としての仏教入門
身近な17キーワードから学ぶ

宗教を平易に説くことで定評のある著者が、日本人なら耳にしたことのあるキーワードを軸に仏教を分かりやすく解説。仏教の歴史、宗派の違い、一神教との比較など、基礎知識を網羅できる一冊。

プラ・アキラ・アマロー（笹倉　明）
出家への道
苦の果てに出逢ったタイ仏教

直木賞作家はなぜ異国の地で僧侶になったのか？　我欲に流され愚行を重ねてきた人生をやり直すことはできるのか？　「人生の敗退者」が、タイでブッダの教えに出逢い、救いを得るまでの感動の記録。

幻冬舎新書

島田裕巳

なぜ八幡神社が日本でいちばん多いのか

【最強11神社】八幡／天神／稲荷／伊勢／出雲／春日／熊野／祇園／諏訪／白山／住吉の信仰系統

日本の神社の数は約8万社。初詣など生活に密着しているが、そこで祀られる多様な神々について我々は意外なほど知らない。八幡、天神、伊勢など11系統を選び出し、祭神を解説した画期的な書。

安部龍太郎

信長になれなかった男たち

戦国武将外伝

信長・秀吉・家康の華々しい活躍の陰には敗れ去った多くの武将たちがいた――。戦国初の天下人、三好長慶《みよしながよし》。ローマに使節団を送った蒲生氏郷《がもううじさと》等々……。知られざる戦国武将25人の栄光と挫折。

横山紘一

《唯識《ゆいしき》》で出会う未知の自分

仏教的こころの領域入門

心はどこにある？　自分とは？　死んだらどこへ行く？　現代人は、どんな疑問にもすぐに答えを出したがるが、科学の知識を駆使しても解答の出ないことは多い。今こそ、仏教哲学の基本とされる《唯識》を学ぼう。

小池龍之介

解脱《げだつ》寸前

究極の悟りへの道

仕事を捨て住所を捨て、古代インドの修行僧と同じ、野宿の瞑想生活に旅立った著者。これまでの10年以上におよぶ修行の日々から得た気づきと、さらに深い修行に入る覚悟を記した、「小池龍之介」最後の書。

幻冬舎新書

安部龍太郎
信長はなぜ葬られたのか
世界史の中の本能寺の変

戦国時代は世界の大航海時代だった。信長は世界と闘った日本初の為政者だったのだ。朝廷との確執、イエズス会との断絶、その直後に起きた本能寺の変……。世界史における本能寺の変の真実。

中村圭志
知ったかぶりキリスト教入門
イエス・聖書・教会の基本の教養99

イエス＝神か、神の子なのか。神は「三つで一つ」という教理とは何か。イエスの一生、聖書のエピソードと意味、仏教との比較、イスラム教との関係などを、Q＆A方式で説明するキリスト教ガイド。

佐々木閑　大栗博司
真理の探究
仏教と宇宙物理学の対話

仏教と宇宙物理学。アプローチこそ違うが、真理を求めて両者が到達したのは、「人生に生きる意味はない」という結論だった！　当代一流の仏教学者と物理学者が縦横無尽に語り尽くす、この世界の真実。

小池龍之介
しない生活
煩悩を静める108のお稽古

メールの返信が遅いだけなのに「自分は嫌われている？」と妄想して不安になる――この妄想こそ仏道の説く「煩悩」です。ただ内省することで煩悩を静める、「しない」生活のお作法教えます。